Das Öffentliche Recht für Wirtschaftswissenschaftler

Unseren Familien

Dietrich Loll und Harald Schütt

Das Öffentliche Recht
für Wirtschaftswissenschaftler

Ein klausurorientiertes Lehrbuch

Der „juristische Schein" als
überwindbare Hürde

Eine nützliche Lernhilfe für
Studenten

© 2004 Harald Schütt & Dietrich Loll
Covergestaltung: concepi, Berlin
Redaktion: Harald Schütt & Dietrich Loll
Herstellung und Verlag: Books on Demand GmbH, Norderstedt
Printed in Germany

ISBN 3-8334-1097-3

Inhaltsübersicht

Vorwort

Dieses Buch richtet sich in erster Linie an Studenten, die Klausuren im Öffentlichen Recht zu bestehen haben.

Gerade bei „Nicht-Juristen" gelten diese Klausuren als große Hürde.
Einerseits verunsichert der Lernumfang. Andererseits wird nur selten verständlich vermittelt, wie eine juristische Klausur richtig zu lösen ist. Die Probleme ergeben sich daraus, dass die Dozenten meist nicht in der Lage sind, sich in das Denken von „juristischen Laien" hineinzuversetzen.
Jura bedarf aber keiner übertriebenen Fachsimpelei: Man kann Probleme sowohl einfach als auch inhaltlich korrekt darstellen.
Das ist ein besonderes Anliegen dieses Buches.

Natürlich erhebt es keinen Anspruch auf Vollständigkeit – im Gegenteil: Es wurde vieles weggelassen! Denn eine der schwersten Aufgaben ist die Unterscheidung zwischen dem Wichtigen und dem Unwichtigen.
Auf dem Gebiet des Öffentlichen Rechts mag es eine Unzahl überaus interessanter Probleme geben. Jedoch dienen diese meist nicht dem Bestehen von „Schein-Klausuren".
Insbesondere ist die juristische Fachliteratur für Studenten der Wirtschaftswissenschaften viel zu umfangreich. Deshalb konzentriert sich dieses Buch zielgerichtet auf die für die Falllösung relevanten Fragen.

Also wird der juristische Stoff bewusst „gefiltert", damit sich der Student nur mit dem Wesentlichen beschäftigen muss. Das Wesentliche soll allerdings wissenschaftlich möglichst korrekt dargestellt sein. Insofern handelt es sich hierbei um ein kleines Lehrbuch.

Die Auswahl des Stoffes orientiert sich an den Erfahrungen der Autoren mit zahlreichen Klausuren des Öffentlichen Rechts für Wirtschaftswissenschaftler.
Leider kann nie ganz ausgeschlossen werden, dass in der Fallbearbeitung auch Probleme auftauchen, die über das hier dargestellte Grundwissen hinausgehen. Es wurde von Klausurvarianten ausgegangen, die besonders wahrscheinlich sind. Für Detailfragen sei jedoch ein Blick in die einschlägigen Lehrbücher und Kommentare empfohlen. Auch kann es nie schaden, die „Vorlieben" der Dozenten zu kennen …

Die Prüfung im Öffentlichen Recht mag vielen Studenten der Wirtschaftswissenschaften als besonders schwierig erscheinen.

Hier kann ein durchdachtes Konzept helfen:

Dieses Buch ist vollständig klausurorientiert aufgebaut. Es befasst sich ausschließlich mit den typischen Fallkonstellationen. Alles Überflüssige wird weggelassen. Es gibt zu jedem wesentlichen Punkt vollständig ausformulierte Lösungsvorschläge. Das Schreiben einer juristischen Klausur wird anhand von allgemeinen Hinweisen, ausführlichen Beispielsfällen und konkreten Wissensfragen verdeutlicht.

Kurzum: Der Leser wird an die Hand genommen und Schritt für Schritt durch die Schwierigkeiten der juristischen Klausur gelotst.

Also: Keine Angst vor dem Öffentlichen Recht – und viel Erfolg in der Klausur!

Dietrich Loll und Harald Schütt
Berlin, im April 2004

1. Kapitel: Der Allgemeine Teil

Beim Schreiben von juristischen Klausuren tauchen immer wieder dieselben „allgemeinen" Probleme auf. Deshalb stellen wir einen kurzen Abschnitt voran, der sich den häufigsten Fragen widmet.

1. Der Gutachtenstil

Der Gutachtenstil ist das formale „Herzstück" einer jeden juristischen Klausur. Mit dieser besonderen Darstellungsform müssen die Jura-Studenten (und leider auch Ihr) zeigen, ob sie in der Lage sind, einen Sachverhalt juristisch zu begutachten. Deshalb wird von den Korrektoren hierauf auch am meisten geachtet. Werden dabei grobe Fehler gemacht, dann wiegen diese schwer. Juristen sind nun einmal Menschen, die sehr auf Formalien achten: Deshalb verzeihen sie Euch oft eher inhaltliche Mängel als Fehler beim Gutachtenstil.

Klausuraufbau im Gutachtenstil

Das bedeutet, dass dies ein Lernschwerpunkt sein sollte.

Wiederholt das unten aufgeführte Schema öfter, damit Ihr es Euch richtig einprägt. Natürlich soll auch die Lektüre des Verfassungs- und Verwaltungsrechtsteils helfen, da wir darauf geachtet haben, Euch immer wieder Formulierungen und Lösungen im Gutachtenstil anhand konkreter Beispiele zu präsentieren.

Grundsätzlich kann man den Gutachtenstil in folgende Punkte einteilen:

> 1. Obersatz (= Behauptung)
> 2. Voraussetzung
> 3. Definition
> 4. Subsumtion (der schwierigste Teil: Der Sachverhalt muss unter die abstrakte Definition gebracht werden)
> 5. Ergebnis

Wie man an dem Aufbau sieht, ist es hier – im Gegensatz zu anderen Wissenschaften – so, dass das Ergebnis nicht *am Anfang* genannt wird und *anschließend* der Lösungsweg aufgezeigt wird. Vielmehr werfen die Juristen erst einmal eine Frage auf und nennen anschließend die Voraussetzungen, die erfüllt sein müssen, damit die Frage bejaht werden kann. Dann definieren sie, was unter den einzelnen Voraussetzungen genau zu verstehen ist. Im Anschluss daran folgt der schwierigste Teil: Man muss nun schauen, ob der Sachverhalt den definierten Voraussetzungen entspricht, sog. *Subsumtion*. Je nachdem, ob das gegeben ist oder nicht, muss schließlich das Ergebnis formuliert werden.

Subsumtionstechnik

Aber keine Angst: Das ist alles nicht so kompliziert, wie es zunächst klingt!

Wie man den Gutachtenstil richtig anwendet, soll hier beispielhaft gezeigt werden:

Der Fall:

Fallbeispiel

Der B betreibt einen Bücherhandel. Die zuständige Behörde erlässt ihm gegenüber eine Gewerbeuntersagung.
Mit welcher Klage kann der B gegen diesen Bescheid vorgehen?

Der Lösungsvorschlag:

„Der B könnte gegen die Gewerbeuntersagung mit einer Anfechtungsklage gemäß § 42 I 1.Var. VwGO vorgehen (= Obersatz / Behauptung).
Bei der Anfechtungsklage geht es um die Aufhebung eines belastenden Verwaltungsaktes, § 42 I 1.Var. VwGO (= Voraussetzung).
Ein Verwaltungsakt ist gemäß § 35 S.1 VwVfG u.a. jede Verfügung einer Behörde zur Regelung eines Einzelfalls, die Außenwirkung hat (= Definition).
Vorliegend hat die zuständige Behörde eine Gewerbeuntersagung gegenüber dem B erlassen. Die Gewerbeuntersagung regelt ihm gegenüber den Einzelfall, dass genau er sein Gewerbe nicht mehr ausführen darf. Dadurch, dass die Untersagung gegenüber dem Bürger B und nicht nur behördenintern Wirkung entfaltet, hat sie auch Außenwirkung. Somit handelt es sich bei der Gewerbeuntersagung um einen Verwaltungsakt gemäß § 35 S.1 VwVfG (= Subsumtion 1).
Ferner begehrt B die Aufhebung dieses Verwaltungsakts (= Subsumtion 2).
Das bedeutet, dass die Voraussetzungen für das Vorgehen mit einer Anfechtungsklage vorliegen (= Zwischenergebnis).
Der B kann sich gegen die Gewerbeuntersagung mit einer Anfechtungsklage wehren (= Endergebnis)."

Ausnahmen vom Gutachtenstil

Dem Grundsatz nach sollte in einer Klausur der Gutachtenstil immer eingehalten werden.

Jedoch gibt es natürlich auch Ausnahmen: Diese recht komplizierte Art der Falllösung macht z.B. dann keinen Sinn, wenn der Sachverhalt in einem Punkt eindeutig ist. In diesen Fällen ist der ausführliche Gutachtenstil überflüssig. Zudem wird der Text dadurch sehr holprig und das Lesen wird erschwert. Dann sollte (anders als beim Gutachtenstil) knapp und klar gesagt werden, wie sich etwas darstellt.

So hätte man im obigen (eindeutigen) Beispiel auch kurz feststellen können:

„Der B könnte gegen die Gewerbeuntersagung mit einer Anfechtungsklage gemäß § 42 I 1.Var. VwGO vorgehen (= Obersatz / Behauptung). Bei der Anfechtungsklage nach § 42 I 1.Var. VwGO geht es um die Aufhebung eines belastenden Verwaltungsaktes (= Voraussetzung). Eine Gewerbeuntersagung ist ein belastender Verwaltungsakt im Sinne des § 35 S.1 VwVfG. Dieser soll hier aufgehoben werden (= vereinfachte Subsumtion). Der B kann folglich mit der Anfechtungsklage gemäß § 42 I 1.Alt. VwGO gegen die Gewerbeuntersagung vorgehen (= Endergebnis)."

Nach einer gewissen Weile entwickelt man ein Gefühl, wann und in welchem Umfang der Gutachtenstil angewendet werden soll.

Es gilt dabei die „Leitformel": Je problematischer ein Punkt in der Klausur, desto wichtiger ist eine genaue Einhaltung des Gutachtenstils.

2. Gliederung der Klausur

Wenn eine juristische Klausur gelöst wird, besteht die Frage, ob man vor jedem Prüfungspunkt eine Überschrift angibt (z.B. im Verwaltungsrecht: I. Eröffnung des Verwaltungsrechtswegs, II. Beteiligte, III. Statthafte Klageart etc.).

Wir empfehlen Euch, dass Ihr Eure Klausuren mit Überschriften vor den einzelnen (Haupt-) Prüfungspunkten gliedert. In einer juristischen Examensklausur ist es eigentlich verpönt, mehr als z.B. A), B) etc. zu schreiben. Wenn Ihr gute Juristen sein wollt, dann könnt Ihr also die Überschriften weglassen. Wenn man aber ein wenig unsicher mit dem juristischen Aufbau ist und eine optische „Stütze" benötigt, dann ist es auf keinen Fall verkehrt oder gar falsch, wenn man zu jedem Abschnitt den entsprechenden Gliederungspunkt notiert. Außerdem kann der Korrektor im Zweifel besser verfolgen, was Ihr gerade untersucht.

Die richtige Klausurgliederung

Wie man eine Klausur richtig gliedert, seht Ihr u.a. an den „Beispielsfällen mit ausführlicher Lösung" jeweils am Ende des Verfassungs- und Verwaltungsrechtsteils.

3. Achtung: Zeitnot!

Ihr habt in der Regel für die Lösung Eures Falls nur sehr wenig Zeit. Deshalb gilt es, sie gut einzuteilen!

Am besten lest Ihr Euch den Fall erstmal so oft durch, bis Ihr ihn auch wirklich in allen Einzelheiten verstanden habt (mindestens zwei Mal). Dann empfiehlt es sich, eine kleine Zusammenfassung des Falls zu machen, damit man noch einmal alles auf einen Blick hat. Ein Zeitstrahl bietet sich dann an, wenn im Sachverhalt viele Daten angegeben sind und diese offensichtlich abgearbeitet werden müssen. Oft hilft auch eine kleine Lösungsskizze, in der Ihr in der gebotenen Kürze die wichtigsten Prüfungspunkte notiert und schon „anlöst", damit nichts Wichtiges vergessen wird.

Die richtige Zeiteinteilung

Wenn Ihr all das gemacht habt, dann ist schon eine Menge Zeit vergangen.

Deshalb folgender grundsätzlicher Tipp: Für die Zulässigkeitsprüfung gibt es in der Regel nicht allzu viele Punkte und Eure Bearbeitungszeit ist auch recht knapp. Damit Ihr also genügend Zeit für die Begründetheit habt (wo die meisten Punkte lauern!), empfehlen wir Euch, dass Ihr die Zulässigkeit relativ kurz abhandelt. Solltet Ihr dabei mal etwas vergessen oder zu knapp behandeln, ist das nicht so schlimm wie aus Zeitmangel in der Begründetheit zu „schlampen". Um möglichst viel Zeit zu sparen, ist es an einigen Stellen angebracht, Grundstrukturen, Definitionen etc. auswendig zu lernen, da diese immer wieder standardmäßig abgefragt werden, ohne dass sich all zu große Unterschiede ergeben.

(Wir werden Euch später gesondert darauf aufmerksam machen, welche Dinge am Besten auswendig zu lernen sind.)

4. Das Zitieren von Paragraphen

Zu Beginn einer „juristischen Karriere" ist es Vielen noch nicht so ganz klar, wie sie überhaupt Paragraphen zitieren sollen. Auch Juristen zitieren nicht einheitlich. Es ist also weitestgehend Euch überlassen, wie Ihr zitiert. Ihr müsst dabei allerdings beachten, dass die einmal begonnene Zitierweise nachvollziehbar und konsequent „durchgezogen" werden muss.

Zu empfehlen ist folgende Darstellungsweise:

Die korrekte Zitierweise

<u>Für den Paragraphen, den Absatz und den Satz:</u>
„*§ 1, Abs.1, S.1*" oder „*§ 1 Abs. 1 S.1*" oder „*§ 1 I 1*" oder „*§ 1 I S.1*".
<u>Als Zitat im laufenden Text:</u>
„*... nach § 1 I 1 ...*" oder „*... gemäß § 1 I 1 ...*" oder „*... aus § 1 I 1 folgt ...*" oder „*... im Sinne des (= i.S.d.) § 1 I 1 ...*" etc.

Die Gesetze zitiert man mit der üblichen Abkürzungsweise, die auch in Euren Gesetzestexten verwendet wird (z.B.: Verwaltungsgerichtsordnung = VwGO).
[In diesem Buch verwenden wir übrigens die Zitierweise: § 1 I 1]

5. Sachlich bleiben!

Sachlicher Stil

Wenn Ihr eine juristische Klausur schreibt, dann müsst Ihr immer so tun, als ob Ihr der Richter wärt, der gerade über den Fall entscheidet. Deshalb dürft Ihr in einer Klausur auf keinen Fall „ich" oder dergleichen sagen. Zudem interessiert es auch niemanden, wenn Ihr irgendwelche persönlichen Kommentare oder Anmerkungen habt (z.B. „ich glaube ...", „der Sachverhalt ist hier unklar" etc.). Ihr dürft nur Dinge schreiben, die zur Falllösung beitragen. Alles andere wird von den Korrektoren nicht gern gesehen.

6. Arbeitsweise bei Wissensfragen

Der Umgang mit Wissensfragen

An vielen Universitäten werden neben den „klassischen Fällen" auch sog. Wissensfragen gestellt. Bei der Beantwortung von Wissensfragen in Euren Klausuren geht es nicht darum, einen Sachverhalt juristisch zu lösen, sondern darum, eine bestimmte Frage umfassend zu beantworten.

Leider kann ein Prüfer in „Jura" unendlich viele Fragen stellen. Deshalb können wir darauf auch im letzten Teil des Buchs nur auszugsweise eingehen. Somit unser Tipp: Lernt den von Euren Prüfern verlangten Wissensstoff gut! Der Lernumfang lässt sich allerdings meist dadurch begrenzen, dass man regelmäßig die Vorlesungen besucht und dort auf die Tipps der Dozenten achtet, sich deren Skripte genau durchliest usw.

Jedoch bedarf auch eine Wissensfrage einer gewissen „wissenschaftlichen" Grundstruktur. Es muss also immer ein „roter Faden" zu erkennen sein. Grundsätzlich zu empfehlen ist hier folgender Aufbau: Wenn Ihr eine konkrete Frage zu einem Thema beantworten müsst, stellt diese Frage an den Anfang Eures Texts. Dann benennt Ihr die für die Frage einschlägige Norm. Zählt die dort erwähnten Voraussetzungen auf, definiert sie und kommt dann zu einem Ergebnis.

Natürlich kann dies nur eine „Grund-" Struktur sein. Dabei müsst Ihr immer auch noch die besonderen Anforderungen der Frage beachten und auf sie eingehen.

Wie man das genau macht, zeigen wir Euch anhand von Beispielen am Ende dieses Buches.

Soviel zur Einstimmung. Beginnen wir nun mit der eigentlichen Prüfung!

2. Kapitel: Das Verfassungsrecht

Bei juristischen Übungen wird der verfassungsrechtliche Teil zumeist als sehr schwierig angesehen – und zwar sowohl von Juristen als auch von Nichtjuristen. Das verwundert nicht. Denn auf den ersten Blick erscheint das Verfassungsrecht schwer verständlich und völlig konfus. So ging es anfänglich auch uns. Deshalb wissen wir, wo die gedanklichen Probleme sind und wie der geistige Knoten gelöst werden kann.

Dabei helfen werden unsere Prüfungsschemata. Ihr solltet diese möglichst abschreiben oder ausschneiden (auf der letzten Seite gibt es eine Vorlage zum Herausnehmen) und sie bei der Lektüre *stets* neben dem Text liegen haben (das gilt natürlich sowohl für das Verfassungs-, wie für das Verwaltungsrecht)! Dadurch könnt Ihr genau verfolgen, was gerade geprüft wird. Zudem hilft es Euch, die wichtigen Schemata besser einzuprägen.

Nachdem Ihr dieses Buch durchgearbeitet habt, werdet Ihr merken, dass das öffentliche Recht und insbesondere das Verfassungsrecht in einer Klausur kein größeres Problem darstellt. Denn das Gute an diesem juristischen Teilgebiet ist, dass der geforderte Stoff begrenzt und die wenigen Probleme relativ leicht zu verstehen sind. Also: Viel Spaß beim Lernen des Verfassungsrechts!

Es gibt im Verfassungsrecht zahlreiche schwierige Konstellationen wie das Organstreitverfahren, den Bund-Länder-Streit und die abstrakte Normenkontrolle. In Euren Klausuren werden diese komplizierten Varianten des Verfassungsrechts jedoch so gut wie *nie* zur Anwendung kommen! Deshalb lassen wir diese auch weg. Stattdessen wenden wir uns in aller Ausführlichkeit dem mit Abstand beliebtesten Klausur-Problem zu: der Verfassungsbeschwerde!

Bei der Verfassungsbeschwerde geht es darum, dass der einzelne Bürger sich in einem seiner Grundrechte verletzt fühlt und gegen diese Verletzung vorgehen will. Und was macht er konsequenterweise? Er klagt! Und wo klagt man eine Verletzung der Grundrechte in Deutschland ein? Vor dem Bundesverfassungsgericht, das zur Vereinfachung von nun an als „BVerfG" abgekürzt wird.

Weil die Verfassungsbeschwerde eines der häufigsten Klausurthemen und das „Elementare" aus dem Verfassungsrecht ist, wird von uns dringend empfohlen, diese *gut* zu lernen!

Nach der Verfassungsbeschwerde wird in Klausuren immer dann gefragt, wenn es im Text offensichtlich um die Verletzung irgendwelcher Grundrechte des Bürgers geht und dieser nun dagegen vor Gericht vorgehen will. Typische Fragestellungen in Klausuren sind:

- *„Wird die Beschwerde des Bürgers Erfolg haben?",*

- „*Stellen Sie die Erfolgsaussichten der Verfassungsbeschwerde dar!*",
- „*Kann der Bürger dagegen gerichtlich vorgehen?*",
- „*Kann der Bürger dagegen beim BVerfG Beschwerde einlegen?*",
- „*Kann der Bürger dagegen mit der Verfassungsbeschwerde vorgehen?*",
- „*Ist die Verfassungsbeschwerde des Bürgers statthaft?*".

Grundschema einer Verfassungsbeschwerde:

A. Zulässigkeit
    I. Zuständigkeit des BVerfG, Art. 93 I Nr. 4 a GG, §§ 13 Nr. 8 a, 90 ff. BVerfGG
    II. Ordnungsgemäßer Antrag, §§ 23 I, 92, 93 BVerfGG
    III. Beschwerdefähigkeit, § 90 I BVerfGG „jedermann"
        (bei juristischen Personen: Art. 19 III GG beachten!)
    IV. Beschwerdegegenstand, § 90 I BVerfGG „Akt der öffentlichen Gewalt"
    V. Beschwerdebefugnis: § 90 I BVerfGG
    VI. Rechtsschutzbedürfnis
        1. Rechtswegerschöpfung: § 90 II 1 BVerfGG
        2. Subsidiarität
    VII. Ergebnis der Zulässigkeit
B. Begründetheit
    I. Schutzbereich
        1. sachlicher Schutzbereich
        2. persönlicher Schutzbereich
    II. Eingriff
    III. Verfassungsrechtliche Rechtfertigung (sog. Schranke)
        (Vor allem: Verhältnismäßigkeitsprüfung, sog. Schranken-Schranke):
        1. Zweck der staatlichen Maßnahme
        2. Geeignetheit
        3. Erforderlichkeit
        4. Angemessenheit
    IV. Ergebnis der Begründetheit
C. Endergebnis

Exkurs: Es kann in einer Frage auch einmal darum gehen, dass der Bürger nicht *klagen* will. Vielmehr soll nur *allgemein* geprüft werden, in welchen Grundrechten der Bürger verletzt sein könnte. Typische Fragestellungen dieser Konstellation sind:

- „*In welchen Grundrechten ist der Bürger hier verletzt?*",
- „*Ist die Maßnahme mit dem Grundgesetz vereinbar?*".

Hierbei will der Prüfer von Euch keine Verfassungsbeschwerde sehen. Denn es geht nicht um eine Prüfung der Probleme vor dem BVerfG, sondern um eine einfache Prüfung der Grundrechte (ohne dafür vor ein Gericht zu ziehen).

In diesem Fall wird die Zulässigkeit weglassen und allein das Prüfungsschema der Begründetheit angewandt (ohne jedoch von „Begründetheit" zu sprechen!).

Der Obersatz müsste dann lauten:

Formulierungs- vorschlag

„Der Bürger könnte hier in seinem Grundrecht aus Art... GG verletzt sein."

Prüfungsschema:

```
I. Schutzbereich
II. Eingriff
III. Verfassungsrechtliche Rechtfertigung
```

[Der Nachteil an dieser Variante: Zwar erspart sie Euch die Zulässigkeitsprüfung, aber meist müsst Ihr dafür mehrere Grundrechte prüfen.]

A. Zulässigkeit der Verfassungsbeschwerde

Wenn eine Verfassungsbeschwerde geprüft werden soll, so muss man zunächst mit der Zulässigkeit der Verfassungsbeschwerde beginnen.

Schema der Zulässigkeitsprüfung:

```
A. Zulässigkeit
    I. Zuständigkeit des BVerfG,
            Art. 93 I Nr. 4 a GG, §§ 13 Nr. 8 a, 90 ff. BVerfGG
    II. Ordnungsgemäßer Antrag, §§ 23 I, 92, 93 BVerfGG
    III. Beschwerdefähigkeit, § 90 I BVerfGG „jedermann"
            (bei juristischen Personen: Art. 19 III GG beachten!)
    IV. Beschwerdegegenstand, § 90 I BVerfGG „Akt der öffentlichen Gewalt"
    V. Beschwerdebefugnis: § 90 I BVerfGG
    VI. Rechtsschutzbedürfnis
            1. Rechtswegerschöpfung: § 90 II 1 BVerfGG
            2. Subsidiarität
    VII. Ergebnis der Zulässigkeit
```

Bei der Zulässigkeit geht es im Grunde nur darum, welches Gericht zuständig ist, wer gegen wen vorgeht und ob man überhaupt ein Recht zum Klagen hat. Bei der Zulässigkeit geht es also noch gar nicht so sehr um die im Sachverhalt auftauchenden Fragen (diese werden erst in der Begründetheit abgehandelt), sondern um mehr oder weniger standardisierte „Vorfragen".

Tipp

Es bietet sich an, die folgenden Punkte und (vor-) formulierten Sätze auswendig zu lernen und sie bei Abweichungen in der Klausur ggf. anzupassen.

I. Zuständigkeit des BVerfG

Als erstes ist in *jeder* Zulässigkeit zu klären, ob das angerufene Gericht überhaupt für den vorliegenden Streit zuständig ist. Grund für diesen Prüfungspunkt ist, dass es keinen Sinn macht, sein Begehren vor dem falschen Gericht vorzutragen. Was soll z.B. ein Steuerrechtsstreit vor einem Arbeitsgericht? Um hier gleich von Anfang an Konflikte zu vermeiden, muss also die Zuständigkeit des jeweiligen Gerichts - und hier speziell die des BVerfG - geprüft werden.

Ob das BVerfG zuständig ist, ist ganz leicht herauszufinden. Denn das BVerfG soll nur in besonderen Fällen (und nicht jedes Mal, wenn es ein Problem gibt) angerufen werden. Deshalb gibt es in Art. 93 I GG und auch in § 13 BVerfGG (Bundesverfassungsgerichtsgesetz) einen *Katalog*, in dem *ganz genau* die einzigen Fälle stehen, bei denen das BVerfG angerufen werden darf. (Wieso fast der gleiche Katalog, der schon im Grundgesetz steht, im BVerfGG wiederholt wird, soll uns hier mal nicht interessieren.)

Nach Art. 93 I Nr. 4a GG und § 13 Nr. 8a BVerfGG kann das BVerfG auch für eine Verfassungsbeschwerde angerufen werden. Die einzelnen Voraussetzungen für die Erhebung einer Verfassungsbeschwerde stehen hingegen ganz genau in §§ 90 ff. BVerfGG. Deshalb kann man bei diesem ersten Prüfungspunkt in der Klausur kurz und knapp feststellen:

„Das BVerfG ist gemäß Art. 93 I Nr. 4a GG i.V.m. §§ 13 Nr. 8a, 90 ff. BVerfGG für die Verfassungsbeschwerde des Beschwerdeführers zuständig."

Formulierungsvorschlag

II. Ordnungsgemäßer Antrag

Da es in der Zulässigkeit grundsätzlich um „formelle" Fragen der Klage (bzw. hier: der Beschwerde!) geht, wird vom Gericht - also von Euch - geprüft, ob die Verfassungsbeschwerde auch *ordnungsgemäß beantragt* wurde. *Ordnungsgemäß* ist ein Antrag, wenn er form- und fristgerecht gestellt wird.

Um den Formerfordernissen zu genügen, müssen Verfahren vor dem BVerfG *schriftlich* beantragt werden (diese Formvorschrift steht in § 23 I 1 BVerfGG).

Darüber hinaus gibt es für die Verfassungsbeschwerde noch besondere Anforderungen: Sie muss nach § 92 BVerfGG durch Nennung des verletzten Grundrechts *begründet* werden.

Und es müssen die *Fristen* des § 93 BVerfGG eingehalten werden. Bei einer Verfassungsbeschwerde gegen Akte der Verwaltung (z.B. einen Verwaltungsakt) und der Rechtsprechung (z.B. ein belastendes Urteil) gilt die Monatsfrist des § 93 I 1 BVerfGG; bei einer Verfassungsbeschwerde gegen ein Gesetz hingegen besteht nach § 93 III BVerfGG eine Ein-Jahres-Frist ab Inkrafttreten des Gesetzes.

Wenn die Verfassungsbeschwerde auf ihre Ordnungsmäßigkeit geprüft werden soll, so reicht es, wenn Ihr folgenden Satz niederschreibt:

Formulierungs-
vorschlag

„Die Verfassungsbeschwerde muss gemäß § 23 I 1 BVerfGG schriftlich eingereicht, im Sinne des § 92 BVerfGG begründet und nach § 93 I 1 BVerfGG innerhalb eines Monats erhoben werden (bzw. bei einem Gesetz: … und nach § 93 III BVerfGG innerhalb eines Jahres erhoben werden)."

Wenn allerdings im Sachverhalt ausdrücklich steht, dass diese Voraussetzungen erfüllt worden sind, dann könnt Ihr kurz feststellen:

Formulierungs-
vorschlag

„Die Verfassungsbeschwerde ist gemäß § 23 I 1 BVerfGG schriftlich eingereicht, im Sinne des § 92 BVerfGG begründet und nach § 93 I 1 BVerfGG innerhalb eines Monats erhoben worden (bzw. bei einem Gesetz: … und nach § 93 III BVerfGG innerhalb eines Jahres nach Inkrafttreten erhoben worden.)"

III. Beschwerdefähigkeit

Beim Prüfungspunkt „**Beschwerdefähigkeit**" muss das erste Mal auf **§ 90 I BVerfGG** eingegangen und ein bisschen was geschrieben werden.

Grund für die Prüfung der Beschwerdefähigkeit ist, dass nicht jeder vor dem BVerfG eine Verfassungsbeschwerde erheben können soll. Denn die Verfassungsbeschwerde nach Art. 93 I Nr. 4a GG und § 13 Nr. 8a BVerfGG ist eine *Individual*-Verfassungsbeschwerde. Es sollen somit dem Grundsatz nach nur natürliche Personen (also Individuen) diese Verfassungsbeschwerde erheben können.

Das BVerfGG macht dies in § 90 I deutlich: Danach soll „**jedermann**" die Verfassungsbeschwerde erheben können.

Definition:
„Jedermann"

„Jedermann" ist derjenige, der Träger von Grundrechten sein kann.
Ist der Beschwerdeführer eine natürliche Person, ist er also immer ein „jedermann".

Formulierungs-
vorschlag

„Nach § 90 I BVerfGG kann „jedermann" Verfassungsbeschwerde erheben. „Jedermann" i.S.d. § 90 I BVerfGG ist, wer Träger von Grundrechten sein kann. Der Beschwerdeführer … ist eine natürliche Person und als solcher stets Träger von Grundrechten. Er besitzt somit die notwendige Beschwerdefähigkeit."

Etwas problematischer wird es, wenn der Beschwerdeführer keine natürliche Person, sondern eine juristische Person (z.B. eine GmbH oder AG) ist. Ein Blick ins Grundgesetz genügt: **Art. 19 III GG** verdeutlicht, dass die Grundrechte auch für inländische juristische Personen gelten können. Eine juristische Person kann vor allem in den interessanten Grundrechten aus Art. 12 I GG (Berufsfreiheit), Art. 14 I GG (Eigentum) und Art. 2 I GG (allgemeine Handlungsfreiheit) verletzt sein.

Damit kann auch etwa eine GmbH oder eine AG ein „Jedermann" und folglich beschwerdefähig sein.

*Formulierungs-
vorschlag*

*„Die juristische Person (hier sollte man sie genau bezeichnen) muss beschwerde-
fähig sein. Die Beschwerdefähigkeit ergibt sich bei der Verfassungsbeschwerde aus
§ 90 I BVerfGG. Danach ist „jedermann" beschwerdefähig.*
„Jedermann" i.S.d. § 90 I BVerfGG ist, wer Träger von Grundrechten sein kann.
*Natürliche Personen sind stets grundrechtsfähig. Aus Art. 19 III GG ergibt sich, das
aber auch eine juristische Person grundrechtsfähig sein kann, wenn das Grundrecht seinem Wesen nach auf die juristische Person anwendbar ist. (Jetzt muss
das einschlägige Grundrecht kurz benannt werden, um das es hier geht; z.B.:) Art.
12 I GG ist seinem Wesen nach auf die juristische Person anwendbar. Sie ist damit
„jedermann" i.S.d. § 90 I BVerfGG und als solche beschwerdefähig."*

IV. Beschwerdegegenstand

Nachdem wir nun festgestellt haben, dass unser Beschwerdeführer *fähig* ist, eine
Verfassungsbeschwerde zu erheben, müssen wir jetzt prüfen, *durch was sich der Bürger*
in seinen Rechten *verletzt fühlt*. Es geht also um den **Beschwerdegegenstand**.
Nach **§ 90 I BVerfGG** muss der Beschwerdegegenstand ein **„Akt der öffentlichen Gewalt"** sein. Der Akt der öffentlichen Gewalt wird als *jedes Tun oder Unterlassen der Exekutiven, Legislativen und Judikativen* definiert.

*Definition:
„Akt der öffent-
lichen Gewalt"*

Diese Definition sollte man dieser Stelle immer bringen, da sie Wissen vermittelt,
dass nicht jeder hat.
Was ist aber unter der Definition zu verstehen? Um das herauszufinden, sollte man
schauen, was dem Beschwerdeführer im Sachverhalt passiert ist:

- Ist er z.B. durch ein Gesetz belastet worden, dann ist der Akt der öffentlichen
Gewalt ein Tun der Legislative (= Erlass des Gesetzes). Das ist übrigens der
häufigste Fall in Euren Klausuren!
- Ist er z.B. durch ein Urteil belastet, dann ist das Urteil ein Tun der Judikative.
- Ist er z.B. durch einen Verwaltungsakt einer Behörde belastet, dann stellt der Er-
lass des Verwaltungsakts ein Tun der Exekutive dar.

Das Wichtigste ist hier also, dass man *den Sachverhalt genau erfasst*, um dann den „Akt
der öffentlichen Gewalt" beschreiben zu können.
Allerdings muss man auch hier noch nicht in aller Ausführlichkeit den Sachverhalt
durchprüfen, da wir erst in der Zulässigkeit sind. Deshalb reicht es, wenn man den
„Akt der öffentlichen Gewalt" nur genau *bezeichnet*.

*„Fraglich ist, was im vorliegenden Fall der Beschwerdegegenstand ist. Nach § 90 I
BVerfGG ist Beschwerdegegenstand jeder Akt der öffentlichen Gewalt.*

*Formulierungs-
vorschlag*

Ein Akt der öffentlichen Gewalt ist jedes Tun oder Unterlassen der Exekutiven, Legislativen und Judikativen. Hier geht es (z.B.) um den Erlass eines Gesetzes. Dies ist ein Tun der Legislative und damit ein Akt der öffentlichen Gewalt im Sinne des § 90 I BVerfGG. Das Gesetz ist der Beschwerdegegenstand.“

V. Beschwerdebefugnis

Definition: Beschwerde-befugnis

Bei der Beschwerdebefugnis wird es jetzt so richtig spannend: **Beschwerdebefugt** ist man nach § 90 I BVerfGG nämlich dann, *wenn man behauptet, in einem seiner (eigenen) Grundrechte verletzt zu sein.* Hier reicht also allein schon die *Möglichkeit*, dass der Beschwerdeführer in einem Recht verletzt ist.

Durch diesen Prüfungspunkt soll verhindert werden, dass jemand eine Verfassungsbeschwerde erhebt, der gar nicht in *seinen* Grundrechten verletzt ist (z.B. soll man nicht beschwerdebefugt sein, wenn man vor dem BVerfG geltend macht, dass der Nachbar in einem Grundrecht verletzt wurde).

„selbst“

Der Beschwerdeführer muss also **selbst** in seinen Grundrechten betroffen sein.

In einer Klausur sollte man sich für diesen Punkt den Sachverhalt genau angucken. Anhand Eurer juristischen Kenntnisse solltet Ihr nun herausfinden, um welche Grundrechte es in der Klausur speziell gehen könnte (bei mehreren in Frage kommenden Grundrechten sollte man auch alle nennen, es geht schließlich um die *Möglichkeit* der Grundrechtsverletzung.)

In Klausuren für Wirtschaftswissenschaftler werden die betroffenen Grundrechte meist Art. 12 I GG (Berufsfreiheit) und (seltener) Art. 14 I GG (Freiheit des Eigentums), Art. 3 I GG (Gleichheitsgrundsatz) und Art. 9 III GG (Koalitionsfreiheit) sein. Sicherheitshalber sollte man immer, quasi als „Not-Anker“, den Art. 2 I GG (allgemeine Handlungsfreiheit) mitzitieren. Art. 2 I GG ist ein so genanntes *Auffanggrundrecht*, das immer dann einschlägig sein könnte, wenn andere Grundrechte nicht eingreifen (dazu aber später noch mehr).

Des Weiteren wird neben der Behauptung einer möglichen eigenen Grundrechtsverletzung (der sog. eigenen „Beschwer“) auch verlangt, dass der Beschwerdeführer **unmittelbar** und **gegenwärtig** durch die Grundrechtsverletzung betroffen ist.

„unmittelbar“

Unmittelbare Betroffenheit bedeutet, dass der Akt der öffentlichen Gewalt den Bürger *direkt* treffen muss. So wirkt z.B. ein Gesetz immer dann unmittelbar gegenüber dem Bürger, wenn sich für ihn daraus direkt eine Pflicht ergibt (z.B. wenn ein Gesetz den Autofahrern *generell* das Parken in der Innenstadt ausdrücklich verbietet. Dann trifft jeden Autofahrer direkt die Pflicht, dort nicht zu parken).

Ein Gesetz ist dann aber nicht unmittelbar, wenn es dem Bürger nicht direkt etwas aufgibt, sondern die Wirkung gegenüber dem Bürger erst durch einen anderen Akt entsteht. (Beispiel: Ein Gesetz sagt, dass das Parken in der Innenstadt nur in den dafür gekennzeichneten Bereichen erlaubt ist. In nicht gekennzeichneten Bereichen ist das Parken dagegen verboten und der Verstoß mit Bußgeldern bewährt. Das Parken wird also *nicht generell* verboten.

Hier beschwert das Gesetz den parkenden Bürger nicht unmittelbar, da sich allein aus der Existenz des Gesetzes noch kein Parkverbot ergibt. Erst die „Straßenbehörden" legen die Plätze fest, wo das Parken erlaubt und wo es verboten ist. Und erst wenn sie einen Verstoß dagegen feststellen, können sie einen Bußgeldbescheid erlassen. Erst dieser Bußgeldbescheid der Behörde wirkt dann unmittelbar gegenüber dem Bürger.)

Gegenwärtig ist der Bürger beschwert, wenn er *schon* oder *noch* betroffen ist. Es reicht also nicht, wenn der Bürger erst irgendwann einmal in der Zukunft in seinen Grundrechten verletzt sein könnte.

„gegenwärtig"

Wenn man das bisher Gesagte zusammenfasst, muss beim Prüfungspunkt „Beschwerdebefugnis" dies alles erwähnt werden:

---

1. Möglichkeit einer Grundrechtsverletzung
2. Eigene Beschwer des Beschwerdeführers
3. Gegenwärtige Beschwer
4. Unmittelbare Beschwer

Das sieht auf den ersten Blick nach viel Arbeit und unbeherrschbaren Problemen aus. Aber auch hier braucht Ihr keine Angst zu haben: In Euren Klausuren werden die eben genannten Voraussetzungen in der Regel immer vorliegen. Deshalb solltet Ihr den folgenden Formulierungsvorschlag (am Beispiel des generellen Parkverbots in der Innenstadt) einfach im Hinterkopf behalten:

„Zu klären ist, ob der Beschwerdeführer i.S.d. § 90 I BVerfGG beschwerdebefugt ist (= Obersatz).
Formulierungsvorschlag
Er ist beschwerdebefugt, wenn die Möglichkeit besteht, dass er selbst, unmittelbar und gegenwärtig in einem eigenen Grundrecht verletzt ist (= Voraussetzung).
Der Beschwerdeführer ist dann selbst betroffen, wenn er in seinen eigenen Grundrechten verletzt ist. Damit soll eine sog. Popularbeschwerde ausgeschlossen werden (= Definition 1). Darüber hinaus muss der Beschwerdeführer gegenwärtig in seinem Grundrecht betroffen sein. Das ist er, wenn er schon oder noch betroffen ist (= Definition 2). Schließlich muss er unmittelbar betroffen sein. Die unmittelbare Beschwer fehlt, wenn nicht der angegriffene Akt selbst, sondern erst ein notwendiger oder in der Verwaltungspraxis üblicher Vollzugsakt in die Grundrechte des Beschwerdeführers eingreift (= Definition 3).
Im vorliegenden Fall hat der Gesetzgeber ein Gesetz erlassen, dass generell das Parken in der Innenstadt verbietet. Dem Auto fahrenden Beschwerdeführer ist es damit nicht mehr möglich, in der Innenstadt zu parken (= Subsumtion 1).
Er ist also Adressat einer belastenden Maßnahme. Damit besteht die Möglichkeit, dass er in seinem eigenen Grundrecht aus Art. 2 I GG betroffen ist (= Ergebnis 1).

Außerdem ist er durch die Maßnahme schon betroffen (= Subsumtion 2). Damit ist er auch gegenwärtig betroffen (= Ergebnis 2). Ferner greift die Maßnahme selbst in Art. 2 I GG des Beschwerdeführers ein, ohne dass es noch eines weiteren Umsetzungsakts bedarf (= Subsumtion 3). Es liegt demnach auch eine unmittelbare Beschwer vor (= Ergebnis 3).

Im Ergebnis bedeutet das, dass der Beschwerdeführer nach § 90 I BVerfGG beschwerdebefugt ist (= Endergebnis)."

VI. Rechtsschutzbedürfnis

Als Letztes wird in der Zulässigkeit der Verfassungsbeschwerde das sog. Rechtsschutzbedürfnis geprüft. Dieser Prüfungspunkt wird seinerseits in zwei Unterpunkte „aufgeteilt": die Rechtswegerschöpfung und die Subsidiarität der Verfassungsbeschwerde.

1. Rechtswegerschöpfung

§ 90 II 1 BVerfGG verlangt die Erschöpfung des Rechtsweges. Das bedeutet, dass der Beschwerdeführer zunächst den sog. maßnahmespezifischen Primärrechtsschutz geltend machen muss, bevor er Verfassungsbeschwerde erheben kann. Das wiederum meint, dass er als Erstes den für die belastende Maßnahme speziell vorgesehenen rechtlichen Weg nutzen muss. Nur wenn dieser (primär vorgesehene) Weg ihm nicht sein Recht verschafft, darf er beim BVerfG Verfassungsbeschwerde erheben.

Der primäre Rechtsschutz

Beispiele für den jeweiligen maßnahmespezifischen Primärrechtsschutz:

- Bei einem Akt der Exekutive (z.B. bei einem Verwaltungsakt) muss der Bürger zunächst gegen diesen vor dem jeweils zuständigen Gericht klagen (in dem Beispiel vor dem Verwaltungsgericht);
- Bei einem Akt der Judikative (z.B. bei einem belastenden Urteil) muss er vornehmlich Berufung oder Revision einlegen.
- Bei einem Gesetz (Akt der Legislativen) hingegen ist es etwas problematischer.

Hier gibt es für den einzelnen Bürger keinen primären (direkten) Rechtsweg, den er einschlagen kann. Gegen ein belastendes Gesetz kann der Einzelne also nur mit einer Verfassungsbeschwerde vorgehen. Somit ist bei einem Gesetz der Rechtsweg immer gemäß § 90 II 1 BVerfGG erschöpft (da es ja keinen gibt).

2. Subsidiarität

Der Grundsatz der Subsidiarität besagt, dass die Verfassungsbeschwerde wirklich nur als *allerletztes* Rechtsmittel in Betracht kommen soll; die Grundrechtsverletzung darf also nicht auch auf einem anderen Wege beseitigt werden können.

Dazu muss man immer im Hinterkopf haben, dass die Vorgaben der Rechtswegerschöpfung und der Subsidiarität das BVerfG vor einer zu großen Beanspruchung mit „kleinen" Fällen schützen sollen.

Der Prüfungspunkt der Subsidiarität ist nur im Zusammenhang mit einer *unmittelbaren* Grundrechtsverletzung *durch ein Gesetz* problematisch.

Im Gegensatz zur Rechtswegerschöpfung, die vorliegt, wenn der *direkte* Rechtsweg (also der regelmäßig vorgesehene) ausgeschöpft ist, geht es bei der Frage der Subsidiarität um den *indirekten* Rechtsweg. Was damit gemeint ist, verdeutlicht folgendes Beispiel (Ausgangsfall ist dabei wieder das oben schon verwendete Parkverbots-Gesetz für die Innenstadt):

Wenn der Bürger gegen einen Strafzettel klagt, geht er zu dem für diese Fälle zuständigen Verwaltungsgericht. Also vermittelt das Verwaltungsgericht den *direkten* Rechtsschutz. Will er nun aber gegen das Parkverbots-Gesetz *selbst* klagen, ist dafür keine Klage beim Verwaltungsgericht denkbar (Klagen unmittelbar gegen Gesetze sind im deutschen Recht ja nicht vorgesehen). Der Kläger kann das Gesetz aber *indirekt* überprüfen lassen. Er wartet auf einen Strafzettel und geht gegen diesen vor. Das Gericht prüft nun, ob der Strafzettel rechtmäßig ist. Das ist wiederum nur dann der Fall, wenn seine Grundlage, nämlich das Parkverbots-Gesetz, seinerseits rechtmäßig ist. Nun überprüft das Gericht also „indirekt" auch das Gesetz. Ist dem Bürger eine solche Vorgehensweise **möglich** und **zumutbar**, ist die Verfassungsbeschwerde unzulässig (= Grundsatz der Subsidiarität der Verfassungsbeschwerde).

Möglich ist dem Bürger die Kontrolle durch die einfachen Gerichte *fast immer*, da auch diese Gerichte eine eventuelle Grundrechtsverletzung prüfen dürfen (wie im obigen Beispiel das Verwaltungsgericht).

„möglich" und „zumutbar"

Jedoch ist dem Bürger solch eine „indirekte" Klage meistens nicht **zumutbar**, da ihm erhebliche Nachteile entstehen können. Im Beispiel oben müsste der Bürger nämlich einen belastenden Bußgeldbescheid abwarten, sich also erst einmal „ins Unrecht" setzen, um eine Gesetzesüberprüfung zu erreichen. Das ist aber *unzumutbar*. Bleibt man beim Beispiel der Verfassungsbeschwerde gegen das Parkverbots-Gesetz, müsste sich das in etwa so anhören:

„Schließlich muss das Rechtsschutzbedürfnis vorliegen. Dies ist der Fall, wenn der Rechtsweg gemäß § 90 II 1 BVerfGG erschöpft, und die Verfassungsbeschwerde nicht subsidiär ist.
Unter dem Begriff der Rechtswegerschöpfung im Sinne des § 90 II 1 BVerfGG versteht man, dass der Beschwerdeführer vor der Erhebung seiner Verfassungsbeschwerde zunächst den maßnahmespezifischen Primärrechtsschutz geltend machen muss. Vorliegend wendet sich der Beschwerdeführer gegen ein ihn belastendes Gesetz. Bei Gesetzen gibt es für den Bürger keinen maßnahmespezifischen Primärrechtsschutz. Insofern ist der Rechtsweg gemäß § 90 II 1 BVerfGG erschöpft.

Formulierungsvorschlag

Fraglich ist aber, ob die Verfassungsbeschwerde des Beschwerdeführers nicht dem Grundsatz der Subsidiarität unterliegt.

Dann muss es dem Beschwerdeführer möglich und zumutbar sein, vor einem Fachgericht indirekten Rechtsschutz zu erlangen, indem dort die Grundrechtsverletzung beseitigt wird.

Vorliegend ist es dem Beschwerdeführer grundsätzlich möglich, durch ein Falschparken gegen das Parkverbots-Gesetz zu verstoßen, um dann gegen den daraufhin erlassenen Bußgeldbescheid vor dem Verwaltungsgericht vorzugehen. Das Verwaltungsgericht seinerseits würde nun eine mögliche Verletzung des Art. 2 I GG des Beschwerdeführers durch das Gesetz prüfen.

Jedoch wäre es dem Beschwerdeführer nicht zuzumuten, dass er erst einmal den Erlass eines Bußgeldbescheids riskieren muss, um dann indirekt gegen das Parkverbots-Gesetz vorgehen zu können. Deshalb unterliegt die Verfassungsbeschwerde im vorliegenden Fall auch nicht dem Grundsatz der Subsidiarität."

Tipp

Kleiner Tipp: Eure Klausuren sind eigentlich immer so ausgelegt, dass die Prüfungspunkte „Rechtswegerschöpfung" und „Subsidiarität" gegeben sind.

Daher war unser Formulierungsvorschlag auch sehr ausführlich. Wir wollten jedoch ganz deutlich machen, worum es geht.

Meistens wird solch ein Satz reichen:

Formulierungs-vorschlag

„Der Rechtsweg i.S.d § 90 II 1 BVerfGG ist vorliegend erschöpft. Da dem Beschwerdeführer der indirekte Rechtsschutz nicht möglich und zumutbar ist, unterliegt die Verfassungsbeschwerde auch nicht dem Grundsatz der Subsidiarität."

VII. Ergebnis der Zulässigkeit

Sehr wichtig für alle juristischen Klausuren ist, dass Ihr immer noch einmal das gefundene (Zwischen-) Ergebnis ausdrücklich hinschreibt. Das wird aber leider viel zu oft – auch von Juristen – vergessen. Der Prüfer erwartet jedoch am Ende einer Fragestellung ein Ergebnis. Tut ihm und Euch einen Gefallen, und schreibt, wenigstens kurz, z.B. Folgendes auf:

Formulierungs-vorschlag

„Es liegen alle Zulässigkeitsvoraussetzungen vor.
Damit ist die Verfassungsbeschwerde des Beschwerdeführers zulässig."

B. Begründetheit der Verfassungsbeschwerde

Mit der Begründetheit fängt endlich der wichtigste Teil der Klausur an. Hier lauern die meisten Punkte auf Euch, und hier könnt Ihr so richtig zeigen, was Ihr gelernt habt.

Bei der Begründetheit müsst Ihr prüfen, ob die behauptete Grundrechtsverletzung wirklich vorgelegen hat.

Schema der Begründetheitsprüfung:

B. Begründetheit
    I. Schutzbereich
        1. sachlicher Schutzbereich
        2. persönlicher Schutzbereich
    II. Eingriff
    III. Verfassungsrechtliche Rechtfertigung (sog. Schranke)
        (Vor allem: Verhältnismäßigkeitsprüfung, sog. Schranken-Schranke):
        1. Ziel der staatlichen Maßnahme
        2. Geeignetheit
        3. Erforderlichkeit
        4. Angemessenheit
    IV. Ergebnis der Begründetheit

Um die Begründetheit schön einzuleiten und den Leser ein bisschen in Spannung zu versetzen, könntet Ihr mit folgendem Satz beginnen:

„Fraglich ist, ob die Verfassungsbeschwerde auch begründet ist."

Formulierungs-vorschlag

Nun müsst Ihr dem Korrektor aber auch noch erklären, wann eine Verfassungsbeschwerde überhaupt begründet ist:

„Die Verfassungsbeschwerde des Beschwerdeführers ist dann begründet, wenn ein Eingriff in den Schutzbereich eines seiner Grundrechte vorliegt, der nicht verfassungsrechtlich gerechtfertigt ist."

Formulierungs-vorschlag

Diesen Satz solltet Ihr unbedingt *auswendig* lernen, denn in ihm sind schon alle Prüfungspunkte für die Begründetheit einer Verfassungsbeschwerde enthalten! Wenn Ihr ihn beherrscht, dann habt Ihr die Grundstruktur der Begründetheitsprüfung:

I. Schutzbereich des Grundrechts
II. Eingriff in den Schutzbereich
III. Verfassungsrechtliche Rechtfertigung

Anhand dieses Prüfungsaufbaus werden wir Euch auf den nächsten Seiten die Begründetheitsprüfungen von Art. 12 I GG (Berufsfreiheit), Art. 14 I GG (Freiheit des Eigentums) und Art. 2 I GG (allgemeine Handlungsfreiheit) jeweils einzeln vorstellen. Diese drei sind die wichtigsten Grundrechte in Euren Klausuren.

Natürlich gibt es daneben eine Reihe weiterer Grundrechte (z.B. Art. 9 III GG), die aber eher in zusätzlichen Aufgaben abgefragt werden. Deshalb sollet Ihr nicht nur Art. 12 I, 14 I und 2 I GG lernen, sondern – entsprechend den Anforderungen Eurer Prüfer – auch die weiteren Grundrechte.

Bitte vergesst zudem nicht, dass es in einem Klausuren-Sachverhalt zu *mehreren* Grundrechtsverletzungen kommen kann. Ihr müsst also sowohl für die „Beschwerdebefugnis" in der Zulässigkeit, als auch für die Begründetheitsprüfung den Sachverhalt genau dahingehend untersuchen, ob nicht mehrere Grundrechte verletzt sein könnten. In juristischen Examensklausuren ist das regelmäßig der Fall. Bei Euch wird wohl die Zeit zu knapp sein, um mehrere Grundrechte genau zu prüfen. Außerdem setzen die Reihenfolge der Prüfung von Grundrechten und der gegenseitige Ausschluss von einzelnen Grundrechten sehr viel Wissen voraus, dass von Euch regelmäßig nicht verlangt wird.

Dennoch sollet Ihr stets auf zwei Dinge achten: Seid erstens wachsam und schaut, ob nicht ausnahmsweise *mehrere* Grundrechte verletzt sind. Und denkt zum Zweiten daran, dass grundsätzlich immer eine Verletzung von Art. 2 I GG möglich ist, da dieses Grundrecht am „umfassendsten" von allen ist. Es ist nämlich ein allgemeines „Auffanggrundrecht". Aber überprüft stets, ob es nicht ein spezielleres Grundrecht gibt, weil dann Art. 2 I GG nicht mehr einschlägig wäre.

Beispielsfall

<u>Beispiel</u>: Durch ein Gesetz wird u.a. auch dem Bürger X das Arbeiten in einem bestimmten Gewerbe verboten. In diesem Fall kann der X in seinen Grundrechten aus Art. 12 I GG (Berufsfreiheit) und Art. 2 I GG (allgemeine Handlungsfreiheit) verletzt sein, da er zum einen seinen *Beruf* nicht ausüben kann, und ihm zum anderen eine bestimmte *Handlung* (nämlich das Arbeiten) verboten wird. In diesem Fall sollte bei der „Beschwerdebefugnis" zwar gesagt werden, dass X in Art. 12 I GG und Art. 2 I GG verletzt sein *könnte*. In der Begründetheit aber darf nur Art. 12 I GG geprüft werden, da dieser für Berufseinschränkungen *spezieller* und Art. 2 I GG nur ein so genanntes „Auffanggrundrecht" ist.

Soviel zur Vorrede. Jetzt geht es endlich zu den einzelnen Grundrechten:

Die Berufs-freiheit, Art. 12 I GG

Art. 12 I GG (Berufsfreiheit)

Art. 12 I GG ist das für die Verfassungsbeschwerde mit Abstand wichtigste Grundrecht. Das macht insofern Sinn, als Ihr ja Wirtschaftswissenschaftler seid, und die Berufsfreiheit die Wirtschaft auch tangiert. Aufgrund dessen sei Euch hiermit empfohlen, Art. 12 I GG *genau* zu lernen.

I. Schutzbereich des Art. 12 I GG

Nach den (oben dargestellten) Einleitungssätzen muss am Anfang einer jeden Verfassungsbeschwerde der Schutzbereich des jeweiligen Grundrechts genau dargelegt werden. Das macht man, um die Grenzen des Grundrechts abzustecken.

Denn manchmal muss man feststellen, dass entweder *das Verhalten* des Beschwerdeführers nicht von dem Grundrecht geschützt wird, oder dass der Beschwerdeführer *selbst* gar nicht von dem Grundrecht geschützt wird. Deshalb wird der Schutzbereich des Art. 12 I GG auch in zwei Teile aufgegliedert: in einen sachlichen (= wird das Verhalten des Beschwerdeführers von dem Grundrecht geschützt?) und in einen persönlichen (= wird der Beschwerdeführer von dem Grundrecht geschützt?).

1. Sachlicher Schutzbereich

Bei der Frage, was eigentlich alles vom Schutzbereich des Art. 12 I GG geschützt wird, müsste man bei genauem Lesen des Art. 12 I GG dazu kommen, dass nach Art. 12 I 1 GG die Berufs*wahl* und nach Art. 12 I 2 GG die Berufs*ausübung* geschützt wird. Da es jedoch in der Praxis oft sehr schwer ist, genau zwischen Berufswahl und Berufsausübung zu unterscheiden, werden beide in dem **einheitlichen Schutzbereich der Berufsfreiheit** zusammengefasst (später wird dann allerdings doch wieder zwischen Berufswahl und Berufsausübung unterschieden). Nach allgemeiner Ansicht gibt es also entgegen dem Wortlaut des Grundgesetzes nicht *zwei* sondern nur *einen* Schutzbereich: Die Berufsfreiheit!

Beruf ist jede auf Dauer angelegte, erlaubte, der Schaffung und Erhaltung einer Lebensgrundlage dienende Betätigung, die nicht künstlerisch sein oder den freien Berufen unterfallen darf.

Definition: Beruf

Leider wird von Euch die Definition des „Berufs" immer wieder verlangt. Wenn man sie nicht bringt, führt das meist zu Punktabzügen! <u>Also</u>: Lernt diese oder eine ähnliche Definition *auswendig*, dann seid Ihr auf der sicheren Seite.

„Zunächst muss der Schutzbereich des Art. 12 I GG eröffnet sein. Sachlich umfasst der Schutzbereich des Art. 12 I GG nach allgemeiner Ansicht die Berufsfreiheit als solche. Beruf ist jede auf Dauer angelegte, erlaubte, der Schaffung und Erhaltung einer Lebensgrundlage dienende Betätigung. Zudem darf der Beschwerdeführer kein Künstler oder Freiberufler sein."

Formulierungs- vorschlag

2. Persönlicher Schutzbereich

Der Wortlaut des Art. 12 I 1 GG macht deutlich, dass der persönliche Schutzbereich der Berufsfreiheit nur „Deutsche" umfasst. Auf Art. 12 I GG dürfen sich somit nur deutsche Staatsangehörige berufen.
Ist der Beschwerdeführer ein Deutscher, dann gibt es hier also kein Problem.

„Vom persönlichen Schutzbereich werden nach Art. 12 I 1 GG nur Beschwerdeführer geschützt, die Deutsche sind. Der Beschwerdeführer ist Deutscher. Der persönliche Schutzbereich ist vorliegend eröffnet."

Formulierungs- vorschlag

Problematisch wird es allerdings bei Nicht-Deutschen:

Ist der Nicht-Deutsche Staatsangehöriger eines Nicht-EU-Landes (z.B. weil er aus den USA kommt), dann kann er sich nie auf Art. 12 I GG berufen. An diesem Punkt müsst Ihr also die Prüfung des Art. 12 I GG wegen des fehlenden persönlichen Schutzbereichs beenden.

Aber wie geht es dann weiter? Hier hilft uns das Auffanggrundrecht des Art. 2 I GG, das nun als zweites geprüft werden müsste …

Ist der Nicht-Deutsche Staatsangehöriger eines EU-Landes, dann streiten sich die juristischen Gelehrten heftig.

Die einen wollen entgegen dem Wortlaut des Art. 12 I GG diesen auch für EU-Bürger direkt anwenden. Andere wollen Art. 12 I GG wegen des eindeutigen Wortlauts („Deutsche") ablehnen und dann wieder Art. 2 I GG prüfen.

Wir empfehlen Euch, an dieser Stelle den Art. 12 I GG abzulehnen (da der EU-Bürger kein „Deutscher" ist), um dann mit Art. 2 I GG fortzufahren. Der Trick ist aber, dass man dann zwar bei der Prüfung des Art. 2 I GG ist, dort jedoch die Prüfungsreihenfolge des Art. 12 I GG (siehe unten) anwendet.

Es findet also eine „versteckte" Prüfung des Art. 12 I GG im Art. 2 I GG statt, damit der „befreundete" EU-Bürger doch noch dieselben Rechte erhält wie ein Deutscher!

II. Eingriff in den Schutzbereich des Art. 12 I GG

Nachdem Ihr bis jetzt festgestellt habt, dass das Verhalten des Beschwerdeführers vom Schutzbereich des Art. 12 I GG umfasst ist, müsst Ihr nun in einem zweiten Schritt noch überprüfen, ob der „Akt der öffentlichen Gewalt" auch wirklich einen Eingriff in den Schutzbereich des Art. 12 I GG darstellt.

Es ist jetzt also zu klären, was überhaupt ein Eingriff in diesem Sinne ist:

Definition: Eingriff	*Ein Eingriff ist jedes staatliche Handeln, das dem Einzelnen ein Verhalten, das in den Schutzbereich eines Grundrechts fällt, ganz oder teilweise unmöglich macht.*

Hört sich mal wieder komplizierter an, als es tatsächlich ist: Ein Eingriff liegt kurz gesagt immer dann vor, wenn jemand sein Grundrecht nicht wie gewünscht ausüben kann.

Das ist jedoch nur die allgemeine Definition für einen Eingriff, die für alle Grundrechte gilt.

Für einen Eingriff in Art. 12 I GG gibt es noch eine speziellere Definition:

Definition: Eingriff in SB Art. 12 I GG	*In den Schutzbereich des Art. 12 I GG wird dann eingegriffen, wenn eine gezielte und spezifische Beschränkung der Berufsfreiheit vorliegt.*

Und in der Regel wird es hier in Euren Klausuren auch keine besonderen Schwierigkeiten geben:

Formulierungs-vorschlag

„Darüber hinaus müsste in den Schutzbereich des Art. 12 I GG eingegriffen worden sein. In Art. 12 I GG wird dann eingegriffen, wenn eine gezielte und spezifische Beschränkung der Berufsfreiheit vorliegt.
Im Fall … (jetzt müsst Ihr dem Prüfer erzählen, was der Eingriff in die Berufsfreiheit ist) … Dadurch ist gezielt in die Berufsfreiheit des Beschwerdeführers eingegriffen worden. Ein Eingriff in Art. 12 I GG liegt mithin vor.“

III. Verfassungsrechtliche Rechtfertigung

Wichtigster Punkt in einer Verfassungsbeschwerde ist die verfassungsrechtliche Rechtfertigung. Denn hier gibt es die meisten Punkte „abzustauben".

Zunächst ist zu klären, was mit „verfassungsrechtlicher Rechtfertigung" überhaupt gemeint ist:

„Schranke"

In Deutschland geben die Grundrechte den Bürgern sehr viele Rechte, da die Schutzbereiche recht weit gehalten sind. Bekanntermaßen ist es aber so, dass manche Menschen diese Freiheiten ausnutzen und Dinge tun, die wiederum andere Menschen in ihren Rechten einschränken. Deshalb haben die Schöpfer des Grundgesetzes **„Schranken"** in die Grundrechte eingebaut, damit die Ausübung der Grundrechte nicht ausufert.

Diese Schranken sind zum Teil in den Grundrechten selbst *ausdrücklich* erwähnt, und geben dem Staat eine „verfassungsrechtliche Rechtfertigung" dafür, die jeweiligen Grundrechte der Bürger in bestimmten Fällen zu beschränken.

Für Art. 12 I GG ergibt sich dieses Recht des Staats aus Art. 12 I 2 GG, für den Art. 14 I GG aus Art. 14 I 2 GG und für Art. 2 I GG direkt aus Absatz I („verfassungsmäßige Ordnung").

Das bedeutet für die Falllösung, dass wir nach der Feststellung, dass der Staat in ein Grundrecht eingegriffen hat, nun prüfen müssen, ob er dazu auch *berechtigt* gewesen ist:

Formulierungs-vorschlag

„Fraglich ist, ob der Eingriff in den Schutzbereich des Art. 12 I GG verfassungsrechtlich gerechtfertigt gewesen ist.“

In Euren Klausuren wird der Eingriff in das betreffende Grundrecht in den meisten Fällen durch ein Gesetz stattgefunden haben, da dieser Fall noch am Einfachsten zu prüfen ist. Liegt ein Eingriff durch ein Gesetz vor, wird bei der verfassungsrechtlichen Rechtfertigung nur noch geprüft, ob das Gesetz **verhältnismäßig** ist. Diese Verhältnismäßigkeitsprüfung wird auch als **„Schranken-Schranke"** bezeichnet, da durch sie die verfassungsrechtliche Rechtfertigung (also die Schranke der Grundrechte) ihrerseits wieder beschränkt wird.

Durch die Verhältnismäßigkeitsprüfung (= Schranken-Schranke) soll nämlich verhindert werden, dass der Staat die Grundrechte seiner Bürger nun seinerseits zu weit einschränken kann.

Kurz gesagt: Die Grundrechte werden durch die Schranke, und die Schranke durch die Schranken-Schranke eingegrenzt.

Auch das macht wieder Sinn. Denn hierdurch entsteht ein „System der Kontrollen". Weder können die Bürger ihre Grundrechte, noch kann der Staat seine Beschränkungsmöglichkeiten missbrauchen.

Verhältnismäßigkeitsprüfung (Schranken-Schranke):
Ob ein Akt der öffentlichen Gewalt verhältnismäßig ist, prüft man immer nach demselben Schema:

> 1. Zweck der Maßnahme
> 2. Geeignetheit der Maßnahme
> 3. Erforderlichkeit der Maßnahme
> 4. Angemessenheit der Maßnahme
>   (= Verhältnismäßigkeit im engeren Sinne)

„Der Eingriff in das Grundrecht des Beschwerdeführers ist jedoch nur dann verfassungsrechtlich gerechtfertigt, wenn (z.B.) das Gesetz verhältnismäßig ist, sog. „Schranken-Schranke".
Die Verhältnismäßigkeit ist gegeben, wenn der Zweck der Maßnahme erlaubt, und die Maßnahme geeignet, erforderlich und angemessen ist."

Im Gegensatz zu anderen Grundrechten gibt es bei Art. 12 I GG jedoch drei verschiedene Arten, wie man die Verhältnismäßigkeit prüfen muss. Das liegt daran, dass sich ein paar „schlaue" Juristen die sog. **Drei-Stufen-Theorie** ausgedacht haben. Diese Theorie besagt, dass es bei der Berufsfreiheit verschieden intensive Eingriffe geben kann. Dazu wird der eben noch einheitliche Schutzbereich der Berufsfreiheit doch wieder in die Berufswahl und die Berufsausübung aufgespalten. Zudem wird gesagt, dass es bei der Berufswahl objektive und subjektive Zulassungskriterien geben kann.

Damit haben wir auch schon die drei Stufen zusammen:

Ganz unten steht die Berufsausübung (erste Stufe), dann folgt die Berufswahl mit subjektiven Zulassungsregeln (zweite Stufe) und schließlich kommt die Berufswahl mit objektiven Zulassungsregeln (dritte Stufe).

Die Berufsausübung steht auf der untersten Stufe, da es als nicht so schlimm angesehen wird, wenn der Staat nicht den Beruf als solchen *verbietet*, sondern nur den Inhalt des Berufes *verändert*.

Unter Berufsausübung fallen z.B. das Werbeverbot für Rechtsanwälte und Ärzte, die Ladenöffnungszeiten und das Verbot gegenüber dem Apotheker, mehr als eine Apotheke zu betreiben.

Bei der Berufswahl mit *subjektiven* Zulassungsvoraussetzungen geht es darum, dass die Möglichkeit einen Beruf wählen zu können, an subjektive (also persönlich beeinflussbare) Kriterien wie Abschlüsse, erbrachte Leistungen, Kenntnisse und Erfahrungen geknüpft ist. Hier ist die Eingriffsintensität schon sehr viel stärker, da nicht nur in das „Wie" des Berufs eingegriffen wird, sondern auch in das „Ob". Die Wahl des Berufs wird nun durch die Festsetzung der subjektiven Kriterien bestimmt. Damit ist die Berufswahl allen Bürgern verwehrt, die die subjektiven Voraussetzungen nicht erfüllen. So kann z.B. ein Bürger mit einer Ausbildung zum Bankkaufmann nicht Rechtsanwalt werden, da er nicht die beiden Juristischen Staatsexamina abgelegt hat. Wegen seiner mangelnden Qualifikation (= subjektives Kriterium) darf er den Beruf des Rechtsanwalts nicht wählen. Das stellt schon einen recht starken Eingriff in Art. 12 I GG der Bürger dar.

Subjektive Zulassungs-voraussetzungen

Diese Kriterien sind jedoch alle beeinflussbar, da man die mangelnde Qualifikation (zumindest theoretisch) nachholen kann. Schlimmer ist es allerdings, wenn der Staat Berufswahlregeln aufstellt, die an *objektive* Zulassungsvoraussetzungen geknüpft sind. Objektiv sind die Zulassungsvoraussetzungen, wenn sie dem Einfluss des „Berufswilligen" entzogen und von seiner Qualifikation unabhängig sind. Hier kann der Bürger also nichts tun, um die Voraussetzungen zu erfüllen. Beispiel: In Bayern erhalten nur Staatsbetriebe eine Spielbankenkonzession. Private können damit nicht den Beruf des Spielbankbetreibers wählen. Die Berufswahl ist damit am weitesten eingeschränkt.

Objektive Zulassungs-voraussetzungen

Um diesen verschieden starken Eingriffen Rechnung zu tragen, wird bei der Prüfung in der Verhältnismäßigkeit je nach der jeweiligen Stufe eine etwas mildere oder strengere Prüfung verlangt:

1. Stufe:	2. Stufe:	3. Stufe:
a) Zweck:	a) Zweck:	a) Zweck:
Schutz eines normalen Gemeinschaftsgutes	Schutz eines wichtigen Gemeinschaftsgutes	Schutz eines überragenden Gemeinschaftsgutes und Abwehr schwerer Gefahren
b) Geeignetheit	b) Geeignetheit	b) Geeignetheit
c) Erforderlichkeit	c) Erforderlichkeit	c) Erforderlichkeit
d) Angemessenheit	d) Angemessenheit	d) Angemessenheit

1. Zweck der staatlichen Maßnahme

Beim Zweck muss man im Sachverhalt nachsehen, ob dort etwas darüber gesagt wird, *warum* der Staat so gehandelt hat. Steht hier nichts, muss man sich etwas ausdenken. Regelmäßig wird Euch der Klausurensteller aber den Zweck vorgeben.

Wie man an der obigen Tabelle sieht, sind die Anforderungen an den Zweck der Maßnahme von Stufe zu Stufe höher: Bei einem Eingriff in die Berufsausübung bedarf es nur eines „normalen" Gemeinschaftsguts, das geschützt werden soll. Beim Werbeverbot für Rechtsanwälte könnte man also den Schutz des Rechtssuchenden vor marktschreierischer Werbung anführen.

Bei der Berufswahlbeschränkung über subjektive Zulassungsvoraussetzungen benötigt man schon ein wichtiges Gemeinschaftsgut. Das wichtige Gemeinschaftsgut wäre z.B. bei den hohen Anforderungen an einen Rechtsanwalt (zwei Staatsexamina), dass hierdurch der einzelne Mandant aber auch das ganze deutsche Rechtssystem vor unqualifizierten Rechtsanwälten geschützt werden sollen.

Bei der Berufswahlbeschränkung durch objektive Zulassungsbeschränkungen benötigen wir schon ein überragend wichtiges Gemeinschaftsgut, das vor schweren Gefahren geschützt werden soll. Dies könnte man bei dem Spielbanken-Beispiel mit dem Schutz der Bevölkerung vor unkontrollierten Gewinnspielen und dem hohen Risiko der Spielsucht begründen.

Bei der Prüfung des Zwecks einer staatlichen Maßnahme kann man sich noch recht kurz halten. Ihr solltet erwähnen, um welche Stufe es geht, wie dort die Voraussetzungen sind und ob sie vorliegen:

<table>
<tr><td>Formulierungs-
vorschlag</td><td>„Zunächst muss die Maßnahme einem erlaubten Zweck dienen. Vorliegend hat der Gesetzgeber (z.B.) ein Werbeverbot für Rechtsanwälte erlassen. Dies betrifft die Berufsausübung und stellt damit einen Eingriff auf der ersten Stufe dar. Zweck der Maßnahme muss dann der Schutz eines einfachen Gemeinschaftsguts sein. Hier ist das Ziel der Maßnahme der Schutz der Rechtssuchenden vor marktschreierischer Werbung und der damit entstehenden Probleme. Somit liegt ein entsprechender, erlaubter Zweck vor."</td></tr>
</table>

2. Geeignetheit

Als nächstes ist die **Geeignetheit** zu prüfen. Sie ist für alle Stufen wieder gleich; es ergeben sich also keine Unterschiede.

<table>
<tr><td>Definition:
Geeignetheit</td><td>Die Maßnahme ist geeignet, wenn sie den angestrebten Erfolg herbeiführen kann. Das bedeutet, dass Ihr auch hier nur kurz behaupten müsst, dass dies der Fall ist. [Das würden wir Euch sogar dann empfehlen, wenn Ihr anderer Meinung seid. Denn eine Klausur endet hier meist nicht. Ihr solltet immer bis zur Angemessenheit kommen, weil da das juristische Argumentieren erst richtig beginnt.] Also:</td></tr>
</table>

<table>
<tr><td>Formulierungs-
vorschlag</td><td>„Ferner muss die Maßnahme geeignet sein. Sie ist geeignet, wenn sie den angestrebten Erfolg herbeiführen kann.
Hier kann (z.B.) durch das Werbeverbotsgesetz für Rechtsanwälte der Schutz des Rechtssuchenden vor anpreisender und möglicherweise zu viel versprechender Werbung erreicht werden. Insofern ist das Gesetz auch geeignet."</td></tr>
</table>

3. Erforderlichkeit

Weiter geht es mit der Erforderlichkeit, die auch wieder bei allen Stufen gleich verläuft.

Das Mittel ist immer dann erforderlich, wenn es kein anderes Mittel gibt, das milder und genauso effizient ist.

Definition: Erforderlichkeit

Oft haben „Klausurenlöser" an dieser Stelle große Probleme, da ihnen noch ein Dutzend anderer Mittel einfällt, die milder sind. Bei dem Werbeverbots-Beispiel hätte der Gesetzgeber ja z.B. auch kontrollierte Werbung erlauben und nur unkontrollierte verbieten können. Es ist zwar richtig, dass das ein milderes Mittel wäre. Aber hier müsst Ihr bei Euren Überlegungen immer zwei Dinge beachten:

<u>Zum Ersten</u>: Die vergleichbaren Mittel dürfen nicht nur milder, sondern sie müssen auch noch *genauso effektiv* sein!!! Und in dem Werbeverbots-Beispiel verhindert kein anderes Mittel die Irritierung des Bürgers durch zu viel Werbung so effektiv wie unser Verbotsgesetz. Denn wenn niemand Werbung machen darf, kann dem Rechtsuchenden auch nichts Unmögliches mehr durch die Werbung versprochen werden. Dann setzt sich (angeblich) der qualitativ Beste und nicht der Lauteste durch.

<u>Zum Zweiten</u>: Euch wird keine Klausur vorgelegt, bei der die fragliche Maßnahme nicht erforderlich war. Ihr solltet die Erforderlichkeit immer bejahen! Die Punkte gibt es in der Angemessenheit, und da solltet Ihr auf jeden Fall hinkommen! Somit jetzt ein Satz zur Bejahung der Erforderlichkeit:

„Darüber hinaus muss die Maßnahme erforderlich sein. Sie ist immer dann erforderlich, wenn es kein anderes Mittel gibt, das milder und genauso effektiv ist. Vorliegend ist die fragliche Maßnahme die effektivste, um den Erfolg herbeizuführen.
Damit ist sie auch erforderlich."

Formulierungsvorschlag

4. Angemessenheit

Der letzte und *wichtigste Prüfungspunkt* der gesamten Klausur ist die Angemessenheit. Hier wird abschließend geprüft, ob zwischen dem angestrebten Zweck und dem dafür eingesetzten Mittel eine akzeptable *Relation* besteht. Bisher haben wir nämlich nur festgestellt, dass der Staat aufgrund eines vernünftigen Zwecks gehandelt hat, dass er dieses Ziel auch mit der Maßnahme erreichen konnte und dass es nichts Milderes gab. Aber ob das Ganze für den Bürger nicht völlig außer Verhältnis steht, weil er Opfer bringen muss, die einfach nicht hinnehmbar sind, haben wir noch nicht überprüft.

Deshalb müssen wir an diesem Punkt eine *Güterabwägung* vornehmen, die bei Art. 12 I GG wie folgt aussieht:

Angemessenheit = Zweck-Mittel-Relation

Wir orientieren uns auch hier wieder an der Drei-Stufen-Lehre und stellen die jeweilige Stufe zu den Belastungen des Bürgers ins Verhältnis. Je intensiver der Eingriff ist, umso wertvoller muss der Zweck der Maßnahme sein.

Wenn der Staat also die Berufsausübung des Bürgers regeln will (1. Stufe), dann reicht dafür ein normales Gemeinwohlinteresse. Will der Staat schon sehr viel stärker in die Berufswahl mit subjektiven Zulassungskriterien eingreifen (2. Stufe), dann braucht er schon ein hohes Gemeinwohlinteresse. Bei dem stärksten Eingriff, der Berufswahlregelung durch objektive Zulassungsvoraussetzungen (3. Stufe) bedarf es *sehr* hoher Gemeinwohlinteressen, die vor schweren Gefahren geschützt werden sollen. Auch das hört sich wieder komplizierter an, als es ist. Denn bei der Angemessenheit will der Prüfer im Wesentlichen eines von Euch sehen: Juristisches Argumentieren (oder wie eine Nachhilfeschülerin einmal meinte: „Hier beginnt der Deutschaufsatz!").

Um richtig gut zu argumentieren, empfehlen wir Euch, dass Ihr auf einem extra Zettel alle Hinweise des Sachverhaltes notiert. Denn der Klausursteller gibt Euch immer Anhaltspunkte. So wird aus dem Sachverhalt zu erkennen sein, warum die Behörde die fragliche Maßnahme durchgeführt hat, welche Interessen sie damit schützen wollte, warum es gerade den Beschwerdeführer getroffen hat, etc. Und auch der Bürger wird in der Klausur sagen, wie hart ihn die Maßnahme belastet und welche Schäden er davon getragen hat.

Diese Argumente notiert Ihr dann als Gegenüberstellung auf dem Zettel. So könnt Ihr ganz einfach alle Angaben im Sachverhalt in Eurer Lösung verarbeiten. Dabei bleibt es Euch überlassen, ob Ihr erst alle Bemerkungen der staatlichen Seite bringen wollt und erst anschließend die des Bürgers, oder ob Ihr die Argumente der jeweiligen Seite wechselseitig verknüpft. Wichtig ist nur, dass Ihr hier ein bisschen diskutiert, und alle Argumente mit ein paar eigenen Worten „unterfüttert". Wie letztlich das Ergebnis aussehen soll, ist aber vollkommen Euch überlassen. Das Endergebnis ist in einer juristischen Klausur (anders als z.B. in der Mathematik) nicht so wichtig. Der Prüfer will von Euch nur sehen, dass Ihr argumentieren könnt. Und das könnt Ihr nur hier bei der „Angemessenheit" richtig zeigen. Alles vorher ist ja mehr oder weniger auswendig gelernt.

Wenn Euch Euer Gefühl sagt, dass der Bürger ungerecht behandelt wird und seine Argumente besser sind, dann sagt, dass die Maßnahme nicht angemessen und damit unverhältnismäßig war. Damit gibt es auch keine verfassungsrechtliche Rechtfertigung für den Eingriff.

Wenn Ihr aber die Argumente des Staats besser findet und der Bürger Euch nicht so schutzwürdig erscheint, dann solltet Ihr zu dem Ergebnis kommen, dass die Maßnahme angemessen und damit insgesamt verhältnismäßig war. Der Eingriff ist somit verfassungsrechtlich gerechtfertigt.

„Fraglich ist nun, ob (z.B.) das Werbeverbotsgesetz für Rechtsanwälte auch angemessen ist.
Hier trägt der Beschwerdeführer vor, es sei ihm durch das Werbeverbot nicht aus-

ausreichend möglich, auf seine Kanzlei hinzuweisen. Dadurch würde er in seiner Tätigkeit erheblich eingeschränkt (= Argument des Beschwerdeführers).

Das Werbeverbotsgesetz selbst stellt einen Eingriff in die Berufsausübung der Rechtsanwälte dar, und ist somit ein Eingriff auf der ersten Stufe der Drei-Stufen-Theorie. Bei einem Eingriff in die Berufsausübung muss der Gesetzgeber aufgrund der nicht so hohen Eingriffsintensität auf dieser Stufe nur ein gewöhnliches Gemeinwohlinteresse angeben (= Feststellung, auf welcher Stufe der Eingriff stattfindet).

Der Gesetzgeber hat hier das Werbeverbot erlassen, um die Rechtssuchenden vor marktschreierischer Werbung zu schützen. Wer die beste Werbung macht, ist nämlich nicht unbedingt der beste Rechtsanwalt. Um hier eine Marktverzerrung zu verhindern, hat der Gesetzgeber die Werbung bei Rechtsanwälten verboten (= Argument des Gesetzgebers). Somit hat der Gesetzgeber ein entsprechendes Gemeinschaftsgut geltend gemacht.

Dieses Gemeinschaftsgut reicht hier auch aus, da es sich nur um eine Berufsausübungsregelung handelt, die keinen besonders starken Eingriff in Art. 12 I GG des Beschwerdeführers darstellt.

Das Werbeverbot ist mithin angemessen."

IV. Ergebnis der Begründetheit

Schließlich müsst Ihr auch bei der Begründetheit ein Ergebnis formulieren:

„Die Verfassungsbeschwerde des Beschwerdeführers ist begründet",
bzw.
„Die Verfassungsbeschwerde ist unbegründet."

Formulierungsvorschlag

V. Endergebnis

Je nachdem wie Euer Ergebnis aussieht, müsst Ihr folgende Formulierung wählen:

„Die Verfassungsbeschwerde ist zulässig und begründet. Das BVerfG wird der Verfassungsbeschwerde stattgeben (bzw. je nach der Frage in der Klausur: Die Verfassungsbeschwerde hat Aussicht auf Erfolg)."
oder
„Die Verfassungsbeschwerde ist zulässig, aber unbegründet. Das BVerfG wird der Verfassungsbeschwerde nicht stattgeben (bzw.: Die Verfassungsbeschwerde hat keine Aussicht auf Erfolg)."

Formulierungsvorschlag

Art. 14 I GG (Freiheit des Eigentums)

Ein weiteres Grundrecht, das für Euch interessant sein könnte, ist Art. 14 I GG. Jedoch ist die Eigentumsfreiheit das wohl schwierigste Grundrecht. Es ist daher nicht sehr wahrscheinlich, dass es bei Euch in einer Klausur geprüft wird.

Eher wird es Bestandteil einer Frage sein, da die Einzelprobleme dann besser erörtert werden können. Dennoch werden wir Euch kurz die Lösung eines „Art. 14 I GG-Falls" darstellen, damit Ihr einen Überblick habt.

Die Eigentumsfreiheit, Art. 14 I GG

I. Schutzbereich des Art. 14 I GG

Nach dem Wortlaut des Art. 14 I GG umfasst der Schutzbereich das „Eigentum". Was allerdings das Eigentum ist, wird in Art. 14 I GG nicht gesagt. Daraus wird gefolgert, dass das Grundgesetz diesen Begriff bewusst offen gelassen hat, damit der Gesetzgeber das „Eigentum" für jeden Bereich, in dem Eigentum entstehen kann, anders definieren kann. Das „Eigentum" wird somit erst in dem jeweiligen **bereichsspezifischen Gesetz** genauer bestimmt.

Definition: Bereichsspezifisches Gesetz

Ein bereichsspezifisches Gesetz ist jedes Gesetz, das dem Einzelnen im Sinne eines Ausschließlichkeitsrechts eine vermögenswerte Position zuordnet. (Wenn Ihr denkt, dass Art. 14 I GG in der Klausur dran kommt, dann solltet Ihr diese Definition schon beherrschen.)

Aus dem Gesetz muss der Bürger also eine vermögenswerte Position erlangen. Die Frage, welches Gesetz nun einschlägig ist, was die vermögenswerte Position ist etc., macht Art. 14 I GG so immens kompliziert – und auch für Jura-Studenten kaum beherrschbar. Grundfall und das am häufigsten einschlägige bereichsspezifische Gesetz ist das *BGB*. Denn hier ist das Eigentum in den *§§ 903 ff.* in allen seinen Facetten definiert.

Die bereichsspezifischen Gesetze definieren also das jeweilige Eigentum. Von diesem Eigentum wird auf jeden Fall immer der vorhandene Bestand, also alles was schon da ist, geschützt. Den Erwerb von Eigentum schützt Art. 14 I GG nicht, denn dafür ist Art. 12 I GG zuständig.

Merksatz

<u>Merksatz:</u> *Art. 14 schützt das Erworbene, Art. 12 GG schützt den Erwerb.*

Nicht geschützt werden zudem Hoffnungen und Erwartungen; z.B. dass man später einmal an etwas Eigentum erlangt. Zudem wird das Vermögen nicht von Art. 14 I GG geschützt. So ist z.B. die Pflicht, Steuern, Abgaben, Bußgelder etc. zu zahlen, nicht von Art. 14 I GG (sondern nur von Art. 2 I GG) geschützt. Denn das Zahlen von Geld stellt nur einen Vermögensverlust dar.

Beispielsfall

Ein Gesetz verbietet das Fahren von Autos ohne Katalysator. Der Bürger X ist Eigentümer eines solchen Autos, und legt deshalb gegen das Gesetz Verfassungsbeschwerde ein.

Lösungsvorschlag

„Fraglich ist zunächst, ob der Schutzbereich des Art. 14 I GG eröffnet ist. Nach dem Wortlaut des Art. 14 I GG wird von diesem das Eigentum geschützt. Was jedoch Eigentum genau ist, definiert Art. 14 I GG nicht. Somit bleibt es den bereichsspezifischen Gesetz überlassen, das Eigentum genauer zu definieren.

Ein bereichsspezifisches Gesetz ist ein solches, das dem Einzelnen im Sinne eines Ausschließlichkeitsrechts eine vermögenswerte Position zuordnet.
Im vorliegenden Fall ist dem Bürger das Eigentum an seinem Auto durch § 903 ff. BGB zugeordnet. Diese schützen vor allem den Bestand an dem Eigentum, und somit hier auch das Fahren mit einem Auto ohne Katalysator.
Der Schutzbereich des Art. 14 I GG ist mithin eröffnet."

II. Eingriff in den Schutzbereich des Art. 14 I GG

In den Schutzbereich des Art. 14 I GG kann der Staat auf zwei Arten eingreifen: Durch eine **Inhalts- und Schrankenbestimmung** (Art. 14 I 2 GG) oder durch eine **Enteignung** (Art. 14 III GG).

In der Klausur, aber auch im wahren Leben, ist die Inhalts- und Schrankenbestimmung der häufigste Eingriff. Sie ist in 95 % der Fälle einschlägig.

Die Inhalts- und Schrankenbestimmungen erweitern oder verkürzen die Eigentumsrechte, indem sie das Eigentum plötzlich anders definieren (also den Inhalt des Eigentums verändern) oder indem sie die Rechte des Staates, auf das Eigentum zugreifen zu können, modifizieren (also die Schranken des Eigentums verändern).

Die Enteignung hingegen ist final (also gewollt) darauf gerichtet, dem Bürger sein konkretes Eigentum vollständig oder teilweise zu entziehen, um es dem Staat zuzuordnen.

Eine Enteignung kann folglich nur dann vorliegen, wenn einem ganz speziellen Bürger bewusst das Eigentum entzogen wird, damit es sich der Staat einverleiben kann.

Es gibt eine Enteignung direkt durch ein Gesetz (= Legalenteignung, selten) oder durch eine Behörde (= Administrativenteignung, öfter).

Wenn man ergebnisorientiert lernen will, dann kann man davon ausgehen, dass es sich in einer Klausur in der Regel um eine Inhalts- und Schrankenbestimmung i.S.d. Art. 14 I GG handeln wird.

„Darüber hinaus müsste die Maßnahme in den Schutzbereich des Art. 14 I GG eingegriffen haben. In die Eigentumsfreiheit kann der Staat durch zwei Arten eingreifen. Entweder durch eine Inhalts- und Schrankenbestimmung nach Art. 14 I 2 GG oder durch eine Enteignung gemäß Art. 14 III GG. Erstere verändert den Inhalt bzw. die Schranken des Eigentums.
Die Enteignung ist dagegen final auf die vollständige oder teilweise Entziehung des Eigentums bei einem speziellen Bürger gerichtet. Vorliegend verbietet das Gesetz das Fahren von Autos ohne Katalysator.
Der Gesetzgeber verändert also den Inhalt des Eigentums, indem er nun dessen Nutzung untersagt. Dabei handelt es sich nicht um Enteignung, sondern um eine Inhalts- und Schrankenbestimmung."

Formulierungsvorschlag

III. Verfassungsrechtliche Rechtfertigung

Die verfassungsrechtliche Rechtfertigung bei einem Eingriff in die Eigentums-garantie des Art. 14 I GG unterscheidet sich je nach dem, ob es sich um eine In-halts- und Schrankenbestimmung oder um eine Enteignung handelt:

- Bei einer Inhalts- und Schrankenbestimmung muss das zugrunde liegende Gesetz verhältnismäßig sein;
- Bei einer Enteignung muss auch das Gesetz (und bzw. die behördliche Entschei-dung) verhältnismäßig sein, die Enteignung muss dem Wohl der Allgemeinheit dienen (Art. 14 III 1 GG) und es muss eine Entschädigungsregel nach Art. 14 III 3 GG geben.

Im Zentrum steht also auch hier wieder die Verhältnismäßigkeitsprüfung. Diese wird auch wieder so wie bei Art. 12 I GG geprüft (nur dass man diesmal natürlich nicht auf die Drei-Stufen-Theorie eingeht, sondern sich nur an die allgemeinen An-gaben hält):

---

1. Ermittlung des Zwecks der Maßnahme
2. Geeignetheit der Maßnahme
3. Erforderlichkeit der Maßnahme
4. Angemessenheit

Formulierungs-vorschlag

„*Schließlich muss der Eingriff in Art. 14 I GG verfassungsrechtlich gerechtfertigt sein. Das ist er, wenn das (Fahrverbots-) Gesetz verhältnismäßig ist. Dazu muss das Gesetz geeignet, erforderlich und angemessen sein.*
Das Gesetz ist geeignet, wenn der angestrebte Zweck erreicht werden kann. Zweck des Gesetzes ist hier der Schutz der Umwelt und der Bürger vor schadstofffreichen Abgasen von Autos ohne Katalysator. Mit dem Erlass des Gesetzes ist das Fahren mit Autos ohne Katalysator verboten. Dadurch kann das staatliche Ziel erreicht werden. Das Gesetz ist also geeignet.
Erforderlich ist es dann, wenn es kein anderes milderes und genauso effektives Mittel gibt. Hier gibt es zwar mildere Mittel, z.B. hätte der Gesetzgeber auch die Steuern für Autos ohne Katalysator erhöhen können, um sie so unattraktiver zu machen. Jedoch wären alle anderen Mittel nicht so effektiv gewesen, um das ange-strebte Ziel zu erreichen. Demnach ist das Gesetz auch erforderlich.
Schließlich muss es auch angemessen sein. Dazu muss es einer Güterabwägung standhalten können. Auf der einen Seite will der Staat die Umwelt und die Ge-sundheit ihrer Bürger vor gesundheitsschädlichen Stoffen schützen, die gerade auch durch Autos ohne Katalysator entstehen. Auf der anderen Seite steht das Recht des Bürgers, sein Eigentum nutzen zu können. Durch das (Fahrverbots-) Ge-setz ist dies dem Eigentümer X insofern nicht möglich, als er mit dem Auto fahren will. Dem stehen jedoch die hohen Allgemeininteressen entgegen. Zudem hat der X die zumutbare Möglichkeit, sein Auto auf einen Katalysator umzurüsten.

Folglich ist das Gesetz verhältnismäßig.
Der Eingriff in Art. 14 I GG des Beschwerdeführers X ist somit verfassungsrechtlich gerechtfertigt."

IV. Endergebnis

Wie bei Art. 12 I GG müsst Ihr natürlich auch hier zum Abschluss das Endergebnis der Klausur formulieren:

„Die Verfassungsbeschwerde ist zulässig und begründet. Das BVerfG wird der Verfassungsbeschwerde stattgeben (bzw. je nach der Frage in der Klausur: Die Verfassungsbeschwerde hat Aussicht auf Erfolg)." *Formulierungsvorschlag*
oder
„Die Verfassungsbeschwerde ist zulässig, aber unbegründet. Das BVerfG wird der Verfassungsbeschwerde nicht stattgeben (bzw.: Die Verfassungsbeschwerde hat keine Aussicht auf Erfolg)."

Art. 2 I GG (allgemeine Handlungsfreiheit)

Als letztes Grundrecht soll hier noch Art. 2 I GG (die allgemeine Handlungsfreiheit) besprochen werden. *Die allgemeine Handlungsfreiheit, Art. 2 I GG*

I. Schutzbereich des Art. 2 I GG

Durch Art. 2 I GG wird *jedes menschliche Verhalten* geschützt.

Art. 2 I GG ist also ein Grundrecht mit einem extrem weiten Schutzbereich. Daher wird es auch als **Auffanggrundrecht** bezeichnet.
Wie schon oben erklärt worden ist, bedeutet dies, dass Art. 2 I GG gegenüber den speziellen Grundrechten (z.B. Art. 12 I GG, 14 I GG etc.) zurücktritt, soweit deren Schutzbereiche reichen. Er gewinnt also nur an Bedeutung, wenn kein Schutzbereich eines speziellen Grundrechts einschlägig ist.

Ein Gesetz verbietet das Parken in der Innenstadt. Der Bürger X erhebt hiergegen Verfassungsbeschwerde. *Beispielsfall*

„Zunächst muss der Schutzbereich des Art. 2 I GG eröffnet sein. Art. 2 I GG schützt jegliches menschliches Verhalten. Hier ist dem Beschwerdeführer X durch das Parkverbotsgesetz das Parken in der Innenstadt nicht mehr möglich. Für dieses Verhalten ist kein Schutzbereich eines spezielleren Grundrechts einschlägig. Damit ist der Schutzbereich des Art. 2 I GG eröffnet." *Formulierungsvorschlag*

II. Eingriff in den Schutzbereich des Art. 2 I GG

Wegen des sehr weiten Schutzbereichs des Art. 2 I GG ist jegliche Beeinträchtigung des Bürgers ein Eingriff.

„Des Weiteren muss in den Schutzbereich des Art. 2 I GG des Beschwerdeführers X eingegriffen worden sein.

Ein Eingriff ist jedes staatliche Handeln, das dem Einzelnen ein Verhalten, das in den Schutzbereich eines Grundrechts fällt, ganz oder teilweise unmöglich macht.

Hier besagt das Gesetz, dass in der Innenstadt nicht geparkt werden darf. Dies stellt für den Beschwerdeführer X einen Eingriff dar."

III. Verfassungsrechtliche Rechtfertigung

Ein staatlicher Eingriff kann nach Art. 2 I GG durch die *verfassungsgemäße Ordnung*, durch die *Rechte anderer* und durch die *Sittengesetze* gerechtfertigt sein (sog. „Schranken-Trias"). Seit dem Inkrafttreten des Grundgesetzes ist nun schon eine geraume Zeit vergangen, und deshalb ist es inzwischen allgemein anerkannt, dass die beiden Schranken „Rechte anderer" und „Sittengesetze" in der „verfassungsgemäßen Ordnung" aufgehen.

Das heißt für Euch, dass als Schranke nur noch die „verfassungsgemäße Ordnung" geprüft wird, was letztendlich aber wieder nur bedeutet, dass Ihr die *Verhältnismäßigkeit* des Gesetzes prüfen müsst:

> 1. Ermittlung des Zwecks der Maßnahme
> 2. Geeignetheit der Maßnahme
> 3. Erforderlichkeit der Maßnahme
> 4. Angemessenheit

„Schließlich muss der Eingriff in den Art. 2 I GG des Beschwerdeführers X verfassungsrechtlich gerechtfertigt sein. Das ist er, wenn das Gesetz verhältnismäßig ist. Ziel des Gesetzgebers ist vorliegend der Schutz der Anwohner der Innenstadt vor Lärm und Verschmutzungen. Das Gesetz ist geeignet, dieses Ziel zu erreichen.

Erforderlich ist es, wenn es kein milderes Mittel gibt, das genauso effektiv ist. Vorliegend hätte der Gesetzgeber etwa die Möglichkeit gehabt, ein zeitlich begrenztes Parkverbot oder höhere Parkgebühren zu erlassen. Jedoch wären diese milderen Mittel nicht genauso effektiv wie das Parkverbotsgesetz gewesen. Deshalb ist das Gesetz erforderlich gewesen.

Schließlich muss das Gesetz angemessen sein. Der Beschwerdeführer X trägt vor, dass ihm dadurch der Besuch der Innenstadt erschwert wird. Dem stehen allerdings die Interessen der Anwohner vor weniger Lärm und Schmutz gegenüber. Zudem kann der Beschwerdeführer X auch den öffentlichen Nahverkehr nutzen, um die Innenstadt zu besuchen.

Somit ist das Gesetz auch angemessen und der Eingriff verfassungsrechtlich gerechtfertigt."

[Angenommen, ihr bekommt den schon bei Art. 12 GG angesprochenen Fall, dass ein EU-Bürger (der selbst nicht Deutscher ist) in seinem Beruf eingeschränkt wird.

Dann kommt Ihr mit der hier vertretenen Auffassung zu Art. 2 I GG und prüft dort so weiter:

Im Schutzbereich sagt Ihr, wie bei Art. 12 I GG, dass Art. 2 I GG den Beruf schützt und wie dieser definiert wird. Beim Eingriff wird festgestellt, dass die staatliche Maßnahme einen Eingriff darstellt. Bei der verfassungsrechtlichen Rechtfertigung prüft Ihr dann wieder, wie bei Art. 12 I GG, ganz normal im Rahmen der Verhältnismäßigkeit die Drei-Stufen-Theorie. Voilà!]

IV. Endergebnis

Und natürlich müsst Ihr hier wieder ein Endergebnis formulieren:

„Die Verfassungsbeschwerde ist zulässig und begründet. Das BVerfG wird der Verfassungsbeschwerde stattgeben (bzw. je nach der Frage in der Klausur: Die Verfassungsbeschwerde hat Aussicht auf Erfolg)."
oder
„Die Verfassungsbeschwerde ist zulässig, aber unbegründet. Das BVerfG wird der Verfassungsbeschwerde nicht stattgeben (bzw.: Die Verfassungsbeschwerde hat keine Aussicht auf Erfolg)."

Formulierungs-vorschlag

C. Beispielsfall mit ausführlicher Lösung

Zum Schluss möchten wir Euch noch einen Beispielsfall präsentieren, der komplett ausformuliert und durchgelöst ist, und der bei Euch so oder so ähnlich aussehen sollte (aber Vorsicht: Natürlich machen wir auch nicht alles perfekt, so dass für Euch immer noch Spielraum für Verbesserungen bleibt). Nebenbei lernt Ihr hier noch zusätzlich, wie man Art. 3 I GG prüft.

Ausformulierter Klausurfall

[Dieser Fall ist übrigens in ähnlicher Form einmal als Klausur in Berlin gestellt worden!]

Der Fall:

Im Bundesland X wird auf die Gesetzesinitiative der Landesregierung hin ein Gesetz zum Schutz der Bürger vor Spielbanken erlassen (das Spielbankgesetz – SpBG).
Die Verfahrens- und Formvorschriften wurden dabei beachtet.
Das Gesetz enthält folgenden Abschnitt:

§ 2 SpBG
(1) Wer eine Spielbank betreibt, bedarf einer Spielbankerlaubnis.
(2) Die Erlaubnis darf nur einem Unternehmen in einer Rechtsform des privaten Rechts erteilt werden, dessen sämtliche Anteile unmittelbar vom Land gehalten werden. Die Voraussetzungen des Absatz 1 müssen während der gesamten Dauer des Bestehens der Erlaubnis gegeben sein.
(3) Die Erlaubnis kann nicht auf einen anderen übertragen oder einem anderen zur Ausübung überlassen werden.

Argumente für den Erlass Gesetzes durch das Landesparlament waren der Schutz der Bürger vor der eigenen Spielsucht und die eventuelle Ausnutzung dieser Sucht durch gewinnorientierte Privatunternehmen. Davor könnten die Bürger nur durch staatliche Monopolisierung geschützt werden. Zudem verhindere dies eine Abdrängung des Glücksspiels in die Illegalität.

Das private Spielbankunternehmen B-AG, dass bereits in anderen Bundesländern erfolgreich und ohne jede Beanstandung Spielbanken betreibt, möchte nun im Bundesland X ebenfalls eine Spielbank eröffnen. Die B-AG ist der Ansicht, dass das SpBG sie in ihren Rechten verletze. Denn auch Private könnten, ohne die Spielsucht zu fördern, eine Spielbank betreiben. Zudem trägt die B-AG vor, dass die Monopolisierung der Spielbanken nur der Sanierung des Landeshaushaltes diene. So werde z.B. der Aktienhandel nicht verboten, bei dem es auch so etwas wie eine Spielsucht geben könne und wo die Risiken ähnlich hoch seien. Offensichtlich sei der Aktienhandel vom Gesetzgeber erwünscht und der Spielbankbesuch nicht. Vergleichbare Sachverhalte würden unterschiedlich behandelt, und das sei ungerecht.

Die B-AG legt gegen das SpBG form- und fristgerecht Verfassungsbeschwerde ein.

Bearbeitervermerk:
Wird das BVerfG der Verfassungsbeschwerde stattgeben?

Der Lösungsvorschlag:
Das BVerfG wird der Verfassungsbeschwerde der B-AG stattgeben, wenn sie zulässig und begründet ist.

A. Zulässigkeit
Die Verfassungsbeschwerde ist zulässig, wenn alle Zulässigkeitsvoraussetzungen vorliegen.

I. Zuständigkeit des BVerfG
Das BVerfG ist gemäß Art. 93 I Nr. 4a GG i.V.m. §§ 13 Nr. 8a, 90 ff. BVerfGG für die Verfassungsbeschwerde der Beschwerdeführerin B-AG zuständig.

II. Ordnungsgemäßer Antrag
Die Verfassungsbeschwerde ist gemäß § 23 I 1 BVerfGG schriftlich eingereicht, i.S.d. § 92 BVerfGG begründet und nach § 93 III BVerfGG innerhalb eines Jahres nach Inkrafttreten erhoben worden.

III. Beschwerdefähigkeit
Fraglich ist, ob die B-AG auch beschwerdefähig ist. Nach § 90 I BVerfGG ist „jedermann" beschwerdefähig. „Jedermann" i.S.d. § 90 I BVerfGG ist, wer Träger von Grundrechten sein kann. Natürliche Personen sind stets grundrechts- und damit beschwerdefähig.

Die B-AG hingegen ist eine juristische Person, vgl. § 1 I 1 AktG. Eine juristische Person ist dann beschwerdefähig, wenn nach Art. 19 III GG ein Grundrecht seinem Wesen nach auf sie anwendbar ist.

Unter anderem sind die Berufsfreiheit (Art. 12 I GG), der Gleichheitsgrundsatz (des Art. 3 I GG) und die allgemeine Handlungsfreiheit (Art. 2 I GG) ihrem Wesen nach auf die B-AG anwendbar. Damit ist die B-AG gemäß § 90 I BVerfG auch beschwerdefähig.

IV. Beschwerdegegenstand

Fraglich ist ferner, was im vorliegenden Fall der Beschwerdegegenstand ist. Nach § 90 I BVerfGG ist Beschwerdegegenstand jeder Akt der öffentlichen Gewalt. Ein Akt der öffentlichen Gewalt ist jedes Tun oder Unterlassen der Exekutiven, Legislativen und Judikativen. Hier geht es um den Erlass eines Gesetzes, nämlich des SpBG. Dies ist ein Tun der Legislative und damit ein Akt der öffentlichen Gewalt im Sinne des § 90 I BVerfGG.

Das SpBG ist der Beschwerdegegenstand.

V. Beschwerdebefugnis

Ferner muss die B-AG i.S.d. § 90 I BVerfGG beschwerdebefugt sein. Sie ist beschwerdebefugt, wenn die Möglichkeit besteht, dass sie selbst, unmittelbar und gegenwärtig in ihren eigenen Grundrechten verletzt ist. Die Beschwerdeführerin ist dann selbst betroffen, wenn sie in ihren eigenen Grundrechten verletzt sein kann. Damit soll eine so genannte Popularbeschwerde ausgeschlossen werden. Darüber hinaus muss die B-AG gegenwärtig in ihren Grundrechten betroffen sein. Das ist sie, wenn sie schon oder noch betroffen ist.

Schließlich muss sie unmittelbar betroffen sein. Die unmittelbare Beschwer fehlt, wenn nicht der angegriffene Akt selbst, sondern erst ein notwendiger oder in der Verwaltungspraxis üblicher Vollzugsakt die Grundrechte der Beschwerdeführerin betrifft.

Im vorliegenden Fall hat der Gesetzgeber ein Gesetz erlassen, dass für das Betreiben von Spielbanken eine Erlaubnis vorsieht. Diese Erlaubnis erhalten nur private Unternehmen, deren Anteile sämtlich vom Bundesland X gehalten werden. Der zu 100 % privaten B-AG ist damit das Betreiben einer Spielbank im Land X unmöglich.

Durch dieses belastende Gesetz besteht die Möglichkeit, dass die B-AG in ihren Grundrecht aus Art. 12 I GG und Art. 3 I GG, zumindest aber in dem Auffanggrundrecht Art. 2 I GG verletzt ist. Außerdem ist sie durch die Maßnahme schon und damit gegenwärtig betroffen. Ferner greift die Maßnahme selbst in die Grundrechte der Beschwerdeführerin ein, ohne dass es noch eines weiteren Umsetzungsakts bedarf. Somit liegt eine unmittelbare Beschwer vor.

Im Ergebnis bedeutet das, dass die B-AG nach § 90 I BVerfGG beschwerdebefugt ist.

VI. Rechtschutzbedürfnis

Das Rechtsschutzbedürfnis umfasst die Merkmale der Rechtswegerschöpfung und der Subsidiarität.

1. Rechtswegerschöpfung

§ 90 II 1 BVerfGG verlangt die Erschöpfung des Rechtsweges. Das bedeutet, dass der Beschwerdeführer vor Erhebung der Verfassungsbeschwerde zunächst den maßnahmespezifischen Primärrechtsschutz geltend machen muss. Bei einem Gesetz gibt es jedoch für den einzelnen Bürger keinen primären (direkten) Rechtsschutz, den er einschlagen könnte. Gegen ein belastendes Gesetz kann der Einzelne also nur mit einer Verfassungsbeschwerde vorgehen. Somit kann bei einem Gesetz der Rechtsweg nicht nach § 90 II 1 BVerfGG erschöpft sein.

2. Subsidiarität

Des Weiteren muss die Verfassungsbeschwerde der B-AG dem Grundsatz der Subsidiarität entsprechen. Dann muss es der Beschwerdeführerin möglich und zumutbar sein, vor einem Fachgericht indirekten Rechtsschutz zu erlangen, indem dort die Grundrechtsverletzung beseitigt wird. Vorliegend ist es der B-AG grundsätzlich möglich, durch das Betreiben einer Spielbank ohne Erlaubnis gegen das SpBG zu verstoßen, um dann gegen den daraufhin erlassenen Verbots- VA und einen eventuellen Bußgeldbescheid vor dem Verwaltungsgericht vorzugehen. Das Verwaltungsgericht würde dann eine mögliche Verletzung der Art. 12 I, 3 I GG durch das SpBG prüfen. Jedoch wäre es der Beschwerdeführerin nicht zuzumuten, erst einmal einen Verbots-Verwaltungsakt oder einen Bußgeldbescheid in Kauf zu nehmen, um dann indirekt gegen das SpBG vorgehen zu können. Deshalb verstößt die Verfassungsbeschwerde im vorliegenden Fall auch nicht gegen den Grundsatz der Subsidiarität.

VII. Ergebnis der Zulässigkeit

Es liegen alle Zulässigkeitsvoraussetzungen vor. Die Verfassungsbeschwerde der B-AG ist mithin zulässig.

B. Begründetheit

Die Verfassungsbeschwerde der B-AG ist dann begründet, wenn das SpBG in eines ihrer Grundrechte eingegriffen hat, und dieser Eingriff verfassungsrechtlich nicht gerechtfertigt ist.

I. Art. 12 I GG

Zunächst kann in den Schutzbereich des Art. 12 I GG eingegriffen worden sein.

1. Schutzbereich

Zu prüfen ist, ob das Verhalten der B-AG vom Schutzbereich des Art. 12 I GG umfasst wird. Der Schutzbereich des Art. 12 I GG hat einen sachlichen und einen persönlichen Teil.
Sachlich umfasst der Schutz des Art. 12 I GG nach allgemeiner Ansicht die Berufsfreiheit als einheitliches Grundrecht. Beruf ist jede auf Dauer angelegte, erlaubte und nicht von Künstlern oder Freiberuflern ausgeübte, der Schaffung und Erhaltung einer Lebensgrundlage dienende Betätigung. Vorliegend will die B-AG eine Spielbank betreiben. Dies stellt einen Beruf dar, der von der Berufsfreiheit geschützt wird.
Vom persönlichen Schutzbereich werden nach Art. 12 I 1 GG nur Beschwerdeführer geschützt, die Deutsche sind. Die Beschwerdeführerin hat ihren Sitz in Deutschland. Damit ist auch der persönliche Schutzbereich eröffnet.

2. Eingriff

Darüber hinaus müsste in den Schutzbereich des Art. 12 I GG eingegriffen worden sein. Ein Eingriff liegt vor, wenn eine gezielte und spezifische Beschränkung der Berufsfreiheit gegeben ist. Vorliegend erlaubt das SpBG das Betreiben von Spielbanken nur, wenn eine Erlaubnis vorliegt. Eine AG, bei der die Anteile nicht in der Hand des Landes X sind, erhält danach keine Erlaubnis. Dadurch wird gezielt in die Berufsfreiheit der B-AG eingegriffen. Ein Eingriff in Art. 12 I GG liegt mithin vor.

3. Verfassungsrechtliche Rechtfertigung

Schließlich muss der Eingriff verfassungsrechtlich gerechtfertigt sein (sog. Schranke). Der Eingriff in Art. 12 I GG der B-AG ist jedoch nur dann verfassungsrechtlich gerechtfertigt, wenn das SpBG verhältnismäßig ist, sog. „Schranken-Schranke". Die Verhältnismäßigkeit ist gegeben, wenn der Zweck der Maßnahme erlaubt, und sie geeignet, erforderlich und angemessen ist.

a) Zweck der Maßnahme

Zunächst muss die fragliche Maßnahme einem erlaubten Zweck dienen. Hier hat der Gesetzgeber das Spielbank-Gesetz erlassen. Dieses betrifft nicht Ausübung eines Berufs, sondern es greift schon in die Berufswahl ein, indem es objektive Zulassungsvoraussetzungen (hier die Spielbank-erlaubnis) schafft. Es liegt somit nach der sog. Drei-Stufen-Theorie ein Eingriff auf der dritten Stufe vor. Ziel der Maßnahme muss dann der Schutz eines überragend wichtigen Gemeinschafts-guts und die Abwehr von schweren Nachteilen sein.
Ziel des Gesetzgebers ist hier der Schutz der Bürger vor einer eventuellen Spielsucht und der Ausbeutung durch gewinnorientierte Privatunternehmen. Nach dem Willen des Gesetzgebers sollen also überragend wichtige Gemeinschaftsgüter geschützt und erhebliche Nachteile für die Solidargemeinschaft abgewehrt werden.
Somit liegt ein erlaubter Zweck vor.

b) Geeignetheit

Ferner muss die Maßnahme geeignet sein. Sie ist geeignet, wenn sie den angestrebten Erfolg herbeiführen kann. Der Staat ist beim Betrieb einer Spielbank grundsätzlich nicht an Gewinnen interessiert. Somit möchte er in der Regel auch nicht, dass viele Bürger bei ihm spielen und hohe Risiken in Form von hohen Geldeinsätzen eingehen. Das bedeutet, dass durch die Erlaubnis-pflicht und die Monopolisierung des Spielbankbetriebs beim Staat die Spielsucht und die Aus-nutzung dieser eingeschränkt werden können.
Insofern ist das Gesetz geeignet.

c) Erforderlichkeit

Darüber hinaus muss die Maßnahme erforderlich sein. Sie ist immer dann erforderlich, wenn es kein anderes Mittel gibt, das milder und genauso effektiv ist.
Vorliegend hätte der Gesetzgeber als milderes Mittel z.B. privaten Unternehmen das Betreiben von Spielbanken unter bestimmten Auflagen (z.B. Zuverlässigkeitsnachweise etc.) erlauben kön-nen.
Dadurch wird die Spielsucht aber nicht genauso gut verhindert wie durch das SpBG.
Somit gibt es kein effektiveres Mittel als das fragliche Gesetz.
Das heißt, dass das SpBG erforderlich ist.

d) Angemessenheit

Fraglich ist nun, ob das SpBG angemessen ist.
Im Rahmen der Angemessenheit muss eine Güterabwägung zwischen den staatlichen Zielen und den Interessen der Beschwerdeführerin vorgenommen werden.
Die B-AG trägt vor, dass es durch die Erlaubnispflicht ihren Beruf nicht ausführen könne. In an-deren Bundesländern habe sie ohne Beanstandungen Spielbanken betrieben. Die Spielsucht würde bei Privaten nicht unbedingt gefördert. Denn auch das Land wolle durch Gesetz nur seinen Haushalt sanieren.

Selbst wenn die B-AG bisher in anderen Bundesländern problemlos Spielbanken betrieben hat, und sie die Spielsucht nicht fördert, so steht diesen Argumenten immer noch das sehr wichtige Gemeinschaftsgut der Verhinderung von Spielsucht gegenüber. Davor kann am Effektivsten nur der Staat schützen. Es mag zwar sein, dass Private ohne behördliche Beanstandungen eine Spielbank betreiben können. Das bedeutet aber noch lange nicht, dass sie die Bürger auch vor der Spielsucht schützen. Vielmehr kann bei privaten Unternehmen immer unterstellt werden, dass sie nach Gewinn streben. Davor – und damit vor der Ausnutzung der Spielsucht – kann der Staat am sichersten schützen. Zudem ist das erklärte Ziel des Gesetzgebers der Schutz der Bürger und nicht die Sanierung des Haushalts. Bei der Beurteilung der staatlichen Maßnahme kommt es aber nur auf das Ziel und nicht anderweitige Behauptungen an.

Das heißt im Ergebnis, dass das SpBG auch angemessen ist.

Das SpBG ist verhältnismäßig.
Der Eingriff in den Schutzbereich des Art. 12 I GG der B-AG ist damit verfassungsrechtlich gerechtfertigt.

II. Art. 3 I GG
Des Weiteren kommt eine Verletzung des Art. 3 I GG durch das SpBG in Betracht.

1. Ungleichbehandlung von wesentlich Gleichem
Von Art. 3 I GG werden Maßnahmen des Staats erfasst, die „wesentlich Gleiches ungleich" bzw. „wesentlich Ungleiches gleich" behandeln.
Vorliegend kann es sich um die Ungleichbehandlung von wesentlich gleichen Sachverhalten handeln.

a) Wesentlich Gleiches
Deshalb muss nun ermittelt werden, was hier „gleich" ist.
So könnten das Spielen in einer Spielbank und das Spekulieren an der Börse vergleichbar sein. Bei beiden geht es in der Regel um höhere Geldeinsätze. Es besteht jeweils die Gefahr, dass wegen eines weitgehend unabschätzbaren Risikos hohe Verluste entstehen. Schließlich kann wegen der Möglichkeit, hohe Gewinne zu erzielen, bei beiden so etwas wie eine Sucht entstehen. Damit sind der Aktienhandel und Spielbanken im Wesen vergleichbar.

b) Ungleichbehandlung
Diese gleichen Sachverhalte müssen ungleich behandelt werden.
Vorliegend verbietet der Landesgesetzgeber Privaten das Betreiben von Spielbanken, um seine Bürger zu schützen. Der Aktienhandel ist aber weiterhin auch Privaten erlaubt.
Damit wird Gleiches ungleich behandelt.

2. Verfassungsrechtliche Rechtfertigung
Auch die Ungleichbehandlung muss verfassungsrechtlich gerechtfertigt sein. Bei einer Verletzung des Art. 3 I GG reicht hier in der Regel die Prüfung, ob der Staat willkürlich gehandelt hat. Willkür liegt dann nicht vor, wenn sich für die Ungleichbehandlung schon irgendein sachlicher Grund anführen lässt.
Beim Handel mit Aktien geht es im Gegensatz zum Spielen in einer Spielbank nicht darum, entweder alles zu gewinnen oder zu verlieren, sondern es geht um wirtschaftliche Entscheidungen. Bei dem Kauf von Aktien wird der Käufer (Mit-) Inhaber an dem Unternehmen und nimmt damit

u.a. auch an Entscheidungsprozessen und dergleichen Teil. Vom Prinzip her ist diese Geldan-
lageform also langfristig ausgelegt. Natürlich hat sich mit der Zeit eine „Aktienkultur" entwickelt,
bei der der Kauf und Verkauf einem Spiel gleicht. Dies ist aber nicht der Grund für die Schaffung
des Aktienmarkts. Dem gegenüber geht es in einer Spielbank nur darum, um Geld zu „spielen".
Wenn der Staat aufgrund dieses Unterschiedes die Beiden auch unterschiedlich behandelt, dann
ist dies ein ausreichend sachlicher Grund.
Der Gesetzgeber hat damit nicht willkürlich gehandelt.
Die Ungleichbehandlung der wesentlichen Gleichen ist insofern verfassungsrechtlich gerechtfer-
tigt.

Durch das SpBG wird Art. 3 I GG nicht verletzt.
Durch das SpBG wird nicht verfassungsrechtlich ungerechtfertigt in Grundrechte eingegriffen.

III. Ergebnis zur Begründetheit
Die Verfassungsbeschwerde der B-AG ist unbegründet.

C. Endergebnis
Die Verfassungsbeschwerde der B-AG ist zulässig aber nicht begründet.
Das BVerfG wird der Verfassungsbeschwerde der B-AG nicht stattgeben.

Soviel zur Verfassungsbeschwerde.

Hoffentlich ist sie ein wenig verständlicher geworden ...

3. Kapitel: Das Verwaltungsrecht

Worum geht es eigentlich bei den Klagen im Verwaltungsrecht?

Es reicht zu wissen, dass es bei „Verwaltungsklagen" im Grundsatz darum geht, dass ein Bürger auf dem Gebiet des öffentlichen Rechts gegen den Staat (z.B. den Bund, ein Bundesland, eine Behörde oder ein Amt) klagt.

Typische Fälle in Euren Klausuren sind der Erlass oder die Rücknahme von Gewerbe- oder Gaststättenerlaubnissen. In diesen Fällen ist es dann an Euch, zu überprüfen, ob das Vorgehen des Staats gegenüber dem Bürger rechtmäßig war oder nicht.

Bei den „Verwaltungsklagen" werden sowohl eine Zulässigkeits- als auch eine Begründetheitsprüfung verlangt. Wie diese genau auszusehen haben, werden wir Euch später ganz ausführlich zeigen.

Zunächst wollen wir Euch aber noch mit den wichtigsten Klagearten im Verwaltungsrecht vertraut machen. Diesen Teil müsst Ihr nicht lernen. Er ist nur zum besseren Verständnis und für den Fall gedacht, dass „Wissensfragen" in Euren Klausuren geprüft werden.

Einführung:

Die Klagearten

Im deutschen Recht – damit auch im Verwaltungsrecht – gibt es grundsätzlich drei unterschiedliche Klagearten:

```
1. Die Gestaltungsklage
2. Die Leistungsklage
3. Die Feststellungsklage
```

- **Gestaltungsklagen** sind solche, bei denen das Gericht unmittelbar Recht *gestaltet*. Das bedeutet, das Gericht verurteilt nicht den Beklagten zu einem bestimmten Verhalten, sondern es führt die Rechtsfolge *selbst* herbei.

Im Verwaltungsrecht gibt es nur eine Gestaltungsklage: die Anfechtungsklage. Sie ist auch die wichtigste Klageart in der Klausur. Die Anfechtungsklage ist dann statthaft, wenn es dem Kläger darum geht, vom *Gericht* die Aufhebung eines Verwaltungsaktes zu verlangen. Also soll das Gericht mit seinem Urteil das Recht selbst gestalten.

Beispiel zur Gestaltungsklage

Ein Beispiel aus dem Verwaltungsrecht: Der Bürger X hat eine Behörde erfolgreich verklagt, weil sie einen rechtswidrigen Verwaltungsakt erlassen hat. Das Gericht hat die vom Bürger beklagte Behörde nun nicht etwa dazu verurteilt, dass sie den rechtswidrigen Verwaltungsakt aufhebt. Vielmehr hat das Verwaltungsgericht den Verwaltungsakt *selbst* aufgehoben.

Ganz vereinfacht ausgedrückt: Der Bürger X, der erfolgreich geklagt hat, muss also nicht erst zu der Behörde gehen und sagen: "Schaut her, das Gericht hat mir Recht gegeben, also setzt das Urteil um!", sondern *das Urteil selbst* stellt bereits den Klagerfolg dar.

Zum Verständnis noch einfacher ist vielleicht ein Beispiel aus dem Zivilrecht: Das Scheidungsurteil ist ein „klassisches" Gestaltungsurteil. Das Gericht sagt nämlich nicht: „Ihr beiden Ehepartner werdet dazu verurteilt, zum Standesamt zu gehen und Euch scheiden zu lassen!", sondern vielmehr: „Ihr seid nun geschieden!".

Die Gestaltungsklage – im Verwaltungsrecht die Anfechtungsklage – ist also die für den Bürger „beste" Klageart, wenn es um die Aufhebung eines Verwaltungsakts geht. Denn hier muss er nicht erst auf die *Umsetzung* des Urteils warten. Da es den allgemeinen Grundsatz gibt, dass immer die beste Klageart gewählt werden muss, geht die Anfechtungsklage in diesen Fällen auch allen anderen Klagearten vor. Gerade deshalb ist sie auch so wichtig für Eure Klausuren.

- **Leistungsklagen** sind solche, bei denen der Beklagte zu einem Tun, Dulden oder Unterlassen verurteilt werden soll. Das Urteil selbst führt damit noch nicht zu dem Erfolg, sondern bedarf einer *Umsetzung*.

Ein ganz einfaches Beispiel zum Verständnis kann wieder dem Privatrecht entnommen werden: Wenn das Gericht den Nachbar dazu verurteilt, nicht immer so laut zu sein, ist das ein Leistungsurteil. Das Gericht sagt nämlich: „Sei leise!"; es verurteilt den Nachbarn also zu einem Tun (bzw. einem Unterlassen des Lärms). Das Urteil muss also noch umgesetzt werden. Weigert sich der Nachbar, dieser Aufforderung nachzukommen, kann das Urteil auch vollstreckt werden, d.h. es kann durch staatliche Zwangsmaßnahmen *durchgesetzt* werden. (Eine Vollstreckung ist bei Gestaltungsklagen dagegen nicht notwendig, da das Urteil *selbst* den Klagerfolg herbeiführt.)

Beispiel zur Leistungsklage

Im Verwaltungsrecht werden zwei (Unter-) Arten der Leistungsklagen unterschieden: Die **allgemeine Leistungsklage** und als spezielle Form **die Verpflichtungsklage**. Für die allgemeine Leistungsklage gilt das bereits oben Gesagte: Sie ist die einschlägige Klageart, wenn es dem Kläger darum geht, vom Beklagten ein Tun, Dulden oder Unterlassen zu verlangen. *Ausnahmsweise* geht jedoch die Verpflichtungsklage als *spezielle Form* der allgemeinen Leistungsklage *vor*, wenn es dem Kläger darum geht, vom Beklagten **den Erlass eines Verwaltungsaktes** zu verlangen.

(Die Verpflichtungsklage ist in einer Klausur seltener als die Anfechtungsklage. Besonderer Schwerpunkt des Lernens sollte deshalb die Anfechtungsklage sein. Dennoch werden wir unten auch die Verpflichtungsklage genauer darstellen.)

- **Feststellungsklagen** sind solche, bei denen das Gericht lediglich etwas feststellt. Was das genau ist, gibt in der Regel der Kläger vor, der die gerichtliche Feststellung begehrt. Die Feststellungsklage wird häufig verwendet, wenn der Bürger formal festgestellt haben will, dass er vom Staat „falsch" behandelt wurde. Denkbar ist dies beispielsweise, wenn ein Bürger vor Gericht (also „in der Öffentlichkeit") rehabilitiert werden will. Das Gericht könnte in seinem Urteil also etwa ausdrücken: „Es wird festgestellt, dass der Bürger X von Bürgermeister nicht hätte beleidigt werden dürfen." Zum Glück für Euch sind die unterschiedlichen Formen von Feststellungsklagen selbst für Juristen ein sehr schwieriges Themengebiet. Deshalb taucht praktisch nie eine Feststellungsklage in einer Eurer Klausuren auf. Insofern reicht es meist für die Fallbearbeitung, wenn Ihr wisst, dass es Feststellungsklagen gibt. Jedoch sei hier noch einmal vor möglichen „Wissensfragen" gewarnt, in denen auch Fragen zu den Feststellungsklagen gestellt werden könnten.

Nun kommen wir aber zu der eigentlichen Verwaltungsrechtsprüfung …
[Nicht vergessen: Ihr solltet wieder die jeweiligen Schemata neben den Text legen, um genau zu wissen, was gerade geprüft wird! Die wichtigsten Schemata können am Ende des Buches auch ausgeschnitten werden.]

1. Abschnitt: Die Anfechtungsklage

Grundschema:

```
    A. Zulässigkeit
        I. Eröffnung des Verwaltungsrechtswegs, § 40 I 1 VwGO
            1. öffentlich-rechtliche Streitigkeit
            2. nichtverfassungsrechtlicher Art
            3. keine abdrängende Sonderzuweisung
        II. Beteiligte, § 63 VwGO
        III. Statthafte Klageart
        IV. Klagebefugnis, § 42 II VwGO
        V. Vorverfahren, §§ 68 ff. VwGO
        VI. Klagefrist, § 74 I VwGO
        VII. Ergebnis der Zulässigkeit
    B. Begründetheit, § 113 I 1 VwGO
        I. Rechtsgrundlage
        II. Voraussetzungen
            1. Formelle Voraussetzungen
                a) Zuständigkeit
                b) Verfahren, § 28 I VwVfG
                c) Form, § 37 VwVfG
            2. Materielle Voraussetzungen
        III. Rechtsfolge
            1. Gebundene Entscheidung  oder
            2. Ermessensentscheidung
        IV. Ergebnis der Begründetheit
    C. Endergebnis
```

A. Zulässigkeit

Auch bei einer Verwaltungsrechtsklage müsst Ihr den Sachverhalt aus der Sicht des Richters beurteilen. Das bedeutet, dass Ihr hier immer als Erstes prüfen müsst, ob die Klage überhaupt zulässig ist. Wie bei der Verfassungsbeschwerde wird im Rahmen der Zulässigkeit auch wieder die „formale" Richtigkeit der Klage geprüft: Ob etwa die richtigen Personen vor dem richtigen Gericht die richtige Klage eingereicht haben.

Wir empfehlen, die Zulässigkeitsprüfung relativ kurz zu halten, zumal hierfür meist weniger Punkte als für die Begründetheitsprüfung vergeben werden.

Da in der Zulässigkeitsprüfung selten besonders schwierige Probleme auftauchen und sie auch immer demselben Schema entspricht, sollte man schon ein Konzept mit vorformulierten Sätzen im Kopf haben.

Das spart viel Zeit!

Schema für die Zulässigkeitsprüfung:

A. Zulässigkeit
    I. Eröffnung des Verwaltungsrechtswegs, § 40 I 1 VwGO
        1. öffentlich-rechtliche Streitigkeit
        2. nichtverfassungsrechtlicher Art
        3. keine abdrängende Sonderzuweisung
    II. Beteiligte, § 63 VwGO
    III. Statthafte Klageart
    IV. Klagebefugnis, § 42 II VwGO
    V. Vorverfahren, §§ 68 ff. VwGO
    VI. Klagefrist, § 74 I VwGO
    VII. Ergebnis der Zulässigkeit

Dieses Grundschema sollte man auf jeden Fall beherrschen.

In der Klausur beginnt man mit einem Einleitungssatz wie diesem:

„Die Klage muss zunächst zulässig sein."

Formulierungs-vorschlag

Anschließend wendet man sich den einzelnen Prüfungspunkten zu.

I. Eröffnung des Verwaltungsrechtswegs, § 40 I 1 VwGO

Bei jeder Verwaltungsrechtsklage – und damit selbstverständlich auch bei einer Anfechtungsklage – müsst Ihr zunächst prüfen, ob überhaupt der Verwaltungsrechtsweg eröffnet ist.

Diese Prüfung ist notwendig, da es in Deutschland nicht nur Verwaltungsgerichte gibt, vor die man sein Anliegen tragen kann, sondern z.B. auch die ordentlichen Gerichte, wo über BGB-Fragen verhandelt wird, die Arbeitsgerichte, die Sozialgerichte und die Steuergerichte. Deshalb müsst Ihr erst einmal schauen, ob das Vorbringen des Klägers überhaupt den Weg zu den Verwaltungsgerichten eröffnet. Wann dies der Fall ist, steht zum Glück in § 40 I 1 VwGO.

[Zwar gibt es theoretisch auch sog. „aufdrängende Sonderzuweisungen", also Normen, die zwingend vorschreiben, dass z.B. das Verwaltungsgericht zuständig ist – diese werden in Euren Klausuren aber nicht vorkommen.]

In § 40 I 1 VwGO heißt es ausdrücklich, dass der Verwaltungsrechtsweg in allen „öffentlich-rechtlichen Streitigkeiten nichtverfassungsrechtlicher Art" gegeben ist, soweit die Streitigkeit nicht einem anderen Gericht zugewiesen ist. Daraus (also ganz einfach aus dem Wortlaut des Gesetzes!) ergibt sich folgende Prüfungsreihenfolge für die Eröffnung des Verwaltungsrechtsweges:

---

1. öffentlich-rechtliche Streitigkeit
2. nichtverfassungsrechtlicher Art
3. keine abdrängende Sonderzuweisung zu einem anderen Gericht

---

Somit beginnt die Darstellung der Zulässigkeit einer Verwaltungsrechtsklage mit folgendem Satz:

Formulierungs-
vorschlag

„Zunächst muss der Verwaltungsrechtsweg eröffnet sein. Eine aufdrängende Sonderzuweisung ist nicht ersichtlich. Gemäß § 40 I 1 VwGO ist der Rechtsweg eröffnet, wenn es sich um eine öffentlich-rechtliche Streitigkeit nichtverfassungsrechtlicher Art handelt und wenn keine abdrängende Sonderzuweisung gegeben ist."

1. Öffentlich-rechtliche Streitigkeit

Zunächst muss es sich laut § 40 I 1 VwGO um eine öffentlich-rechtliche Streitigkeit handeln.

Zu der Frage, wann eine solche vorliegt, gibt es eine ganze Reihe unterschiedlicher Theorien. Die wichtigsten sollte man kennen und auch in der Klausur *benennen*.

Theorien zur
Feststellung
einer ö.-rechtl.
Streitigkeit

Wir haben es sonst bewusst vermieden, die zahlreichen juristischen Theorien und Lehren namentlich zu erwähnen, weil das nach unserer Erfahrung nur verwirrt, aber wenig bringt. Im Rahmen des Prüfungspunktes "öffentlich-rechtliche Streitigkeit" gibt es aber mindestens zwei Theorien, die man nicht nur inhaltlich kennen, sondern eben auch benennen sollte. Zwar ist ein ausdrückliches Erwähnen der Theorien nicht *zwingend* erforderlich, an dieser Stelle bringt es aber was, weil der Korrektor es regelmäßig erwartet. Warum das so ist, wissen wir auch nicht.

Tut uns leid – aber hier muss man „blöde Lehrbezeichnungen" einfach auswendig lernen.

Unterschieden werden die „modifizierte Subjektstheorie" (auch „Subjektionstheorie" genannt), die „Subordinationstheorie" und schließlich noch die sog. „Interessentheorie" (schön, wenn man diese auch noch kennt – sie ist aber nicht ganz so wichtig).

[Bevor wir genauer darauf eingehen, sei am Rande noch auf eine allgemeine Regel hingewiesen: Es ist immer schlecht (eigentlich sogar falsch) in der Klausur Sätze wie: „Nach der XY-Theorie ist dieses oder jenes Tun unzulässig …" zu schreiben. Richtig muss es lauten: „Es ist aus den bestimmten Gründen unzulässig, dies und jenes zu tun – man bezeichnet das als sog. XY-Theorie …". Man sollte also darauf achten, niemals etwas *mit* einer Theorie (also mit einem bloßen Namen) *zu begründen*; es kann aber manchmal hilfreich sein, Begründungen oder Ansichten mit einer bestimmten Theorie *zu benennen*.]

Unter der sog. „**modifizierten Subjektstheorie**" versteht man die Annahme, dass *eine Streitigkeit dann öffentlich-rechtlicher Art ist, wenn in der streitentscheidenden Norm ein Hoheitsträger einseitig berechtigt oder verpflichtet wird.*
Also muss man zunächst die streitentscheidende Norm finden. Das ist bei der Anfechtungsklage regelmäßig die Norm, aufgrund der die Behörde gehandelt hat.
<u>Ein Beispiel</u>: Untersagt die Behörde ein bestehendes (genehmigungsfreies) Gewerbe, sucht man im einschlägigen Gesetz (Gewerbeordnung) nach der Norm, wonach sie das kann. Man findet § 35 I GewO – die streitentscheidende Norm.
[Nur der Vollständigkeit halber: Stützt sich die Behörde ausdrücklich (!) auf eine erkennbar *nicht* einschlägige Norm, z.B. hier § 35 I *StraßenverkehrsO*, so ist diese Norm dennoch streitentscheidend, denn es kommt grundsätzlich nicht darauf an, wie die Behörde *hätte handeln müssen*, sondern darauf, wie sie *tatsächlich gehandelt hat*. Allerdings wäre ihr Verhalten (offensichtlich) rechtswidrig. Aber keine Angst, dieses Problem wird wohl kaum drankommen …]
Bis hier hin dürfte es verständlich sein. Nun muss in der gefundenen Norm aber ein Hoheitsträger einseitig berechtigt oder verpflichtet sein. Klingt hochtrabend, meint aber nur: es muss ein Gesetz sein, wonach die Behörde etwas tun darf oder muss, was der einfache Bürger nicht tun darf oder muss. Der einfache Bürger kann zum Beispiel weder ein Gewerbe untersagen noch eine Gaststättenerlaubnis erteilen. Also berechtigt unsere streitentscheidende Norm einen Hoheitsträger einseitig. Es handelt sich in dem kleinen Beispiel um eine öffentlich-rechtliche Streitigkeit.

„Zunächst muss der Verwaltungsrechtsweg eröffnet sein. Eine aufdrängende Sonderzuweisung ist nicht ersichtlich. Gemäß § 40 I 1 VwGO ist der Rechtsweg eröffnet, wenn es sich um eine öffentlich-rechtliche Streitigkeit nichtverfassungsrechtlicher Art handelt und wenn keine abdrängende Sonderzuweisung gegeben ist.

*Definition:
modifizierte
Subjektstheorie*

*Formulierungs-
vorschlag*

53

Wann eine Streitigkeit öffentlich-rechtlicher Art vorliegt, wird unterschiedlich beurteilt. Dies soll etwa dann der Fall sein, wenn in der streitentscheidenden Norm ein Hoheitsträger einseitig berechtigt oder verpflichtet wird, sog. modifizierte Subjektstheorie.

Dem Bürger wird von der zuständigen Behörde (z.B.) das Gewerbe wegen Unzuverlässigkeit untersagt.

Eine Gewerbeuntersagung ist der Behörde nach § 35 I 1 GewO möglich. Demnach handelt es sich bei § 35 I 1 GewO um die streitentscheidende Norm.

Diese Norm berechtigt auch einseitig einen Hoheitsträger.

Es handelt sich demnach um eine öffentlich-rechtliche Streitigkeit."

Definition: Subordinationstheorie

Nach der sog. „**Subordinationstheorie**" soll entscheidend sein, ob *zwischen dem Bürger und der Behörde ein Über- oder Unterordnungsverhältnis besteht. Liegt ein solches vor, handelt es sich um eine öffentlich-rechtliche Streitigkeit.*

Ein Über- oder Unterordnungsverhältnis ist anzunehmen, wenn sich Bürger und Behörde nicht wie zwei Gleichberechtigte gegenüberstehen, sondern wenn der eine „mächtiger" ist als der andere. Das ist stets der Fall, wenn die Behörde „typisch hoheitlich" handelt: Erlässt oder erteilt sie hoheitliche Verbote oder Genehmigungen, steht der „große Staat dem kleinen Bürger gegenüber".

Formulierungsvorschlag

„Zunächst muss der Verwaltungsrechtsweg eröffnet sein.

Dies ist gemäß § 40 I 1 VwGO dann der Fall, wenn eine öffentlich-rechtliche Streitigkeit nichtverfassungsrechtlicher Art vorliegt und wenn keine abdrängende Sonderzuweisung gegeben ist.

Wann eine Streitigkeit öffentlich-rechtlicher Art vorliegt, wird unterschiedlich beurteilt. Dies soll etwa dann der Fall sein, wenn in der streitentscheidenden Norm ein Hoheitsträger einseitig berechtigt oder verpflichtet wird, sog. modifizierte Subjektstheorie. (...)

Eine öffentlich-rechtliche Streitigkeit wird auch dann angenommen, wenn zwischen dem Bürger und der Behörde ein Über- oder Unterordnungsverhältnis besteht, sog. Subordinationstheorie.

Vorliegend untersagt die zuständige Behörde dem Bürger sein Gewerbe.

Die Untersagung eines Gewerbes gegenüber einem Bürger ist nur einem Hoheitsträger möglich. Es besteht somit ein Über- / bzw. Unterordnungsverhältnis.

Es handelt sich folglich um eine öffentlich-rechtliche Streitigkeit."

Definition: Interessentheorie

Nach der sog. „**Interessentheorie**" soll eine öffentlich-rechtliche Streitigkeit dann vorliegen, *wenn die streitentscheidende Norm allgemeinen Interessen und nicht nur Privatinteressen dienen soll.*

In unserem Beispiel dient die Norm, wonach ein Gewerbe untersagt werden kann, Zwecken der Allgemeinheit. Sie soll nämlich vor unzuverlässigen Gewerbetreibenden schützen, die hohe Schäden an Körper und Eigentum verursachen können.

Also liegt eine öffentlich-rechtliche Streitigkeit i.S.d. Interessentheorie vor.

„Zunächst muss der Verwaltungsrechtsweg eröffnet sein. Dies ist gemäß § 40 I 1 *Formulierungs-*
VwGO der Fall, wenn es sich um eine öffentlich-rechtliche Streitigkeit nichtverfas- *vorschlag*
sungsrechtlicher Art handelt und wenn keine abdrängende Sonderzuweisung gege-
ben ist. Wann eine Streitigkeit öffentlich-rechtlicher Art vorliegt, wird unterschied-
lich beurteilt. Dies soll etwa dann der Fall sein, wenn in der streitentscheidenden
Norm ein Hoheitsträger einseitig berechtigt oder verpflichtet wird, sog. modifizierte
Subjektstheorie. (…)
Eine öffentlich-rechtliche Streitigkeit wird auch dann angenommen, wenn zwischen
dem Bürger und der Behörde ein Über- bzw. Unterordnungsverhältnis besteht, sog.
Subordinationstheorie. (…)
Schließlich kann dann eine öffentlich-rechtliche Streitigkeit angenommen werden,
wenn die streitentscheidende Norm allgemeinen Interessen dienen soll, sog. Inter-
essentheorie.
Die Untersagung eines Gewerbes wegen Unzuverlässigkeit dient allgemeinen Inter-
essen.
Es liegt nach allen Ansichten eine öffentlich-rechtliche Streitigkeit vor."

2. Nichtverfassungsrechtlicher Art

Bei der Frage, welche Streitigkeit „nichtverfassungsrechtlicher Art" ist, gilt die folgende Definition:

Es handelt sich um eine Streitigkeit verfassungsrechtlicher Art, wenn weder zwei *Definition:*
unmittelbar am Verfassungsleben Beteiligte unmittelbar über Verfassungsrecht *Nichtverfassungs-*
streiten noch Verfassungsrecht unmittelbar streitentscheidend ist. *rechtlicher Art*

[Da Ihr in Euren Klausuren regelmäßig nur die Verfassungsbeschwerde als „Ver-
fassungsklage" bekommen werdet, gilt der gänzlich unjuristische Merksatz: Ist es
keine Verfassungsbeschwerde, wird es wohl eine „Verwaltungsklage" sein!]

Die Frage nach der Streitigkeit nichtverfassungsrechtlicher Art ist selbst in Jura-
Examensklausuren in den seltensten Fällen problematisch. Allerdings wird grundsätzlich erwartet, dass man ein paar Worte dazu fallen lässt.

Also ist der beste Tipp: Lernt folgende Formulierung auswendig und schreibt sie in *Tipp*
der Klausur einfach hin. Das wird ausreichen [allerdings klingt sie gewöhnungsbe-
dürftig – insbesondere dem BVerfG sei Dank]!

„Zudem muss die (öffentlich-rechtliche) Streitigkeit gemäß § 40 I 1 VwGO nicht- *Formulierungs-*
verfassungsrechtlicher Art sein. Dies ist der Fall, wenn weder zwei unmittelbar am *vorschlag*
Verfassungsleben Beteiligte unmittelbar über Verfassungsrecht streiten noch Ver-
fassungsrecht unmittelbar streitentscheidend ist. Vorliegend handelt es sich um
eine Streitigkeit nichtverfassungsrechtlicher Art."

Mehr muss man über diesen Prüfungspunkt regelmäßig nicht wissen!

3. Keine abdrängende Sonderzuweisung

Eine abdrängende Sonderzuweisung liegt dann vor, wenn gesetzlich vorgeschrieben ist, dass *ausnahmsweise* das Verwaltungsgericht doch nicht zuständig ist (obwohl man vorher alles so schön durchgeprüft hat …).

Aber eine gute Nachricht: Die abdrängenden Sonderzuweisungen werden in Euren Klausuren nicht auftauchen. Da man sie als „echter Profi" aber erwähnt, lernt man folgende spektakuläre Sätze (oder ähnliche) auswendig:

„Auch eine abdrängende Sonderzuweisung ist vorliegend nicht ersichtlich. Nach allem ist der Verwaltungsrechtsweg gemäß § 40 I 1 VwGO eröffnet."

II. Beteiligte, § 63 VwGO

Nachdem man erfolgreich festgestellt hat, dass der Verwaltungsrechtsweg eröffnet ist, stellt man sich nun der nächsten Prüfungsfrage: Wer sind *die Beteiligten* an dem Verfahren? In Euren Klausuren dürfte auch dieser Punkt kaum ein Problem sein. *Wissen* muss man allerdings, dass das Wichtigste dazu im Gesetz steht, nämlich in dem **§ 63 VwGO**. Da steht zunächst einmal, dass nach Nr. 1 der *Kläger* und nach Nr. 2 der *Beklagte* am Verfahren beteiligt ist.

Kläger ist normalerweise der Bürger. Wer Beklagter ist, ist aber von Bundesland zu Bundesland verschieden. Normalerweise gilt der Grundsatz, dass der „Rechtsträger" der handelnden Behörde verklagt wird (d.h. der, der sozusagen „hinter" der Behörde steht, also z.B. der Bund, das Land, ein Kreis oder eine Gemeinde). Das ist im Einzelnen sehr kompliziert und für Eure Klausuren gar nicht so wichtig.

Dem Grundsatz nach gilt: In Euren Klausuren ist *fast immer das Land Beklagter.*

[Sollte der Bund Beklagter sein, ist das schnell zu erkennen, weil etwa der *Bundes*grenzschutz oder das *Bundes*amt für Strahlenschutz gehandelt hat. Bei Kreisen und Gemeinden – das kann z.B. in Berlin und Hamburg nicht vorkommen – müsstet Ihr das dem Sachverhalt entnehmen. Für Einzelheiten zu Eurem Bundesland solltet Ihr in Euren Unterlagen nachschauen oder die Dozenten fragen; aber vergesst nicht, dass es hier um einen „notenmäßig" unwichtigen Punkt geht, der recht kompliziert ist.]

Da die Behörde für den dahinter stehenden Rechtsträger handelt, vertritt sie ihn auch. Nach allem dürfte für Eure Klausur folgender Satz gut geeignet sein:

„Der Bürger X ist gemäß § 63 Nr. 1 VwGO Kläger.
Beklagter i.S.d. § 63 Nr. 2 VwGO ist das Bundesland (z.B.) Berlin, hier vertreten durch die Behörde Y."

III. Statthafte Klageart

Nun kommen wir zu dem Prüfungspunkt der *statthaften Klageart*. Dieser Punkt ist nicht immer ganz einfach. Aber keine Angst, man muss nur wissen, wie es geht …

Zunächst einmal muss man begreifen, was man eigentlich gerade untersucht: Es gilt herauszufinden, welche Art der Klage der Bürger wählen muss, um sein Ziel zu erreichen. Wie bereits erwähnt, gibt es nämlich unterschiedliche Klagearten.

Vorweg: Da wir gerade die Anfechtungsklage prüfen, wird hier natürlich die Anfechtungsklage die statthafte Klageart sein. Das ist aber eine Begründung, die für eine anständige Klausur nicht ausreicht. Also müssen wir den *Weg* dazu finden, *warum* die Anfechtungsklage die statthafte Klageart ist.

Zunächst gilt der Grundsatz:

„Die Klageart richtet sich nach dem Begehren des Klägers."

Formulierungs-
vorschlag

Diesen Grundsatz kann (und sollte) man auch als ersten Satz unter den Prüfungspunkt „Statthafte Klageart" schreiben. Das ist als Einleitung bereits vollkommen ausreichend.

Bevor wir im Einzelnen auf die Bedeutung eingehen, sei noch gesagt, dass sich dieser Grundsatz aus § 88 VwGO ableitet. Wer das auch noch hinschreibt, macht beim Korrektor Eindruck. Wer noch den Zusatz *„unter Beachtung des Vorrangs maßnahmespezifischen Rechtsschutzes"* anfügt, liefert ein absolutes „Sahnehäubchen". Das muss nicht sein, macht aber großen Eindruck. [Der Satz „unter Beachtung des Vorrangs maßnahmespezifischen Rechtsschutzes" bedeutet einfach nur, dass ausnahmsweise dann vom eigentlichen Antrag des Klägers abgewichen werden darf, wenn das Ziel des Klägers auf eine andere (Klage-) Art besser erreicht werden kann. Das braucht Ihr gar nicht genauer zu wissen.]

Ein perfekter Satz würde also lauten:

„Die Klageart richtet sich gemäß § 88 VwGO nach dem Begehren des Klägers unter Beachtung des Vorrangs maßnahmespezifischen Rechtsschutzes."

Formulierungs-
vorschlag

Nun stellt sich natürlich die Frage, was das eigentlich heißt.

Was unter **Begehren des Klägers** (= Klagbegehren) zu verstehen ist, ist eigentlich ganz einfach: Das was der Kläger, also normalerweise der Bürger, vor Gericht erreichen will, ist das Klagebegehren. Steht im Sachverhalt also beispielsweise, dass der Bürger X sich vor dem Verwaltungsgericht gegen die Untersagung seiner Gewerbeausübung wehren will, ist genau das das Klagebegehren. Das schreibt man auch so hin, denn den Sachverhalt kann man in der Klausur gar nicht oft genug mit „einbauen".

Geht es dem Kläger bei seinem Klagantrag darum, vom zuständigen Gericht die *Aufhebung eines Verwaltungsaktes* zu erreichen, so ist die *Anfechtungsklage* die statthafte Klageart.

Die Anfechtungs-
klage als statt-
hafte Klageart

Das bringt uns konsequenterweise zu der Anschlussfrage, wann es sich überhaupt um einen Verwaltungsakt handelt. Ein **Verwaltungsakt** ist – wie der Name schon sagt – eine bestimmte Handlungsform der Verwaltung. In Euren Klausuren wird eine Behörde handeln. Und Behörden gehören natürlich zur Verwaltung.

Die Verwaltung kann auf ganz unterschiedliche Weise handeln. Sie kann etwa eine Warnung vor gefährlichen Nahrungsmitteln aussprechen, einem mittelständischen Betrieb Fördermittel auszahlen oder einem Falschparker einen Strafzettel ausstellen. Jedoch ist von diesen Handlungsformen nur eine ein Verwaltungsakt. Von einem Verwaltungsakt spricht man nämlich nur, wenn bestimmte Voraussetzungen vorliegen. Diese Voraussetzungen sind ganz genau in **§ 35 S. 1 Verwaltungsverfahrensgesetz (VwVfG)** festgeschrieben.

[<u>Achtung</u>: Das VwVfG ist ein *Bundes*gesetz. Sofern es in Eurem Fall also um das Handeln einer Bundesbehörde geht, findet das VwVfG Anwendung und man zitiert immer § 35 S. 1 VwVfG als Definition eines Verwaltungsaktes. Wenn es aber um das Handeln einer Landesbehörde geht, findet das VwVfG als Bundesgesetz keine (direkte) Anwendung. Höchstwahrscheinlich wird es in Eurem Klausuren aber gerade um einen Akt von Landesbehörden gehen. In manchen Bundesländern ist die Definition des Verwaltungsaktes in den Landesverwaltungsgesetzen geregelt. Andere Bundesländer verweisen in ihren Landesgesetzen einfach auf das (Bundes-) VwVfG, so dass dieses (ausnahmsweise) auch für Landesbehörden Anwendung findet. Zu allem Überfluss gibt es auch Professoren, die unabhängig von den jeweiligen Landesvorschriften als Bearbeitervermerk unter den Sachverhalt schreiben, dass immer das VwVfG Anwendung finden soll.

Ganz schön verwirrend. Aber leider ist die Frage, wo die Definition des Verwaltungsaktes geregelt ist, sehr wichtig. Deshalb müsst ihr *unbedingt* wissen, welche Normen in Euren Klausuren erwartet werden! Welche das genau sind, erfahrt Ihr wieder von Euren Dozenten oder aus ausgeteilten Skripten. Wenn Ihr sie wisst, schreibt sie Euch am Besten an den Rand dieses Textes!

Wir werden in Zukunft nur noch § 35 S.1 VwVfG heranziehen, damit es nicht zu verwirrend wird. Inhaltlich bestehen nämlich gar keine Abweichungen zwischen den jeweiligen Landesvorschriften und § 35 S.1 VwVfG. Ihr solltet jedes Mal die für Euch richtige Norm an den Rand schreiben, damit Ihr diese oft genug wiederholt!]

§ 35 S. 1 VwVfG befasst sich ausdrücklich mit dem Begriff des Verwaltungsaktes. Wenn man diese Norm genau liest, ergibt sich, dass der Verwaltungsakt das Handeln einer **Behörde** erfordert („*… jede Verfügung, Entscheidung oder andere hoheitliche Maßnahme, die eine <u>Behörde</u> … trifft …*"), die einen ganz bestimmten **Einzelfall regelt** („*… zur Regelung eines <u>Einzelfalls</u> auf dem Gebiet des öffentlichen Rechts …*") und die **Außenwirkung** hat („*… und die auf unmittelbare Rechtswirkung <u>nach außen</u> gerichtet ist*").

Bei Euren Klausuren wird auf staatlicher Seite stets eine *Behörde* handeln. Was eine Behörden ist, steht übrigens ganz genau in **§ 1 IV VwVfG**: *„Eine Stelle, die Verwaltungsaufgaben wahrnimmt"*. Die Behörde wird sich meist an einen ganz bestimmten Bürger richten (z.B. durch Bescheid). Diesem Bürger wird sie typischerweise etwas aufgeben, verbieten oder gestatten. Damit *regelt* sie einen *Einzelfall*. Schließlich wird die Behörde auch nicht nur *intern* handeln (so etwa wenn ein Behördenleiter den Beamten in seiner Behörde eine *Weisung* erteilt – etwa, dass alle am Computer arbeiten sollen), sondern mit *Außenwirkung*. Die Behörde wird sich an einen Bürger richten (also nach *außen*), der mit dem internen Behördenablauf nichts zu tun hat.

Ergebnis: Wir haben einen Verwaltungsakt.

Behörde, Regelung eines Einzelfalls, Außenwirkung

Bevor wir zu einem Beispielsatz kommen, noch ein kleiner <u>Tipp</u>: Sofern in Eurer Klausur die Behörde durch *Bescheid* oder (z.B. Gewerbe-/Gaststätten-) *Erlaubnis* handelt, liegt *immer* ein Verwaltungsakt vor.

Tipp

„Die Klageart richtet sich gemäß § 88 VwGO nach dem Begehren des Klägers unter Beachtung des Vorrangs maßnahmespezifischen Rechtsschutzes.
Hier begehrt der Bürger X (z.B.) die Aufhebung der Gewerbeuntersagung durch die zuständige Behörde.
Sofern der Kläger die Aufhebung eines Verwaltungsaktes durch das Gericht begehrt, ist die Anfechtungsklage i.S.d. § 42 I 1.Var. VwGO statthafte Klageart. Fraglich ist demnach, ob es sich bei der Gewerbeuntersagung um einen Verwaltungsakt handelt. Die Gewerbeuntersagung (der Untersagungsbescheid) ist die auf Außenwirkung gerichtete Regelung eines Einzelfalls durch eine Behörde (i.S.d. § 1 IV VwVfG). Sie ist damit ein Verwaltungsakt i.S.d. § 35 S.1 VwVfG.
Der Kläger begehrt vom Gericht die Aufhebung eines Verwaltungsaktes.
Statthafte Klageart ist die Anfechtungsklage."

Formulierungsvorschlag

IV. Klagebefugnis, § 42 II VwGO

Die Klagebefugnis nach § 42 II VwGO hat gewisse Ähnlichkeiten mit der „Beschwerdebefugnis" bei der Verfassungsbeschwerde. Wenn Ihr dort aufgepasst habt, dann mag Euch einiges schon bekannt vorkommen. Aber aufgepasst: In manchen Bereichen unterscheiden sich die beiden Prüfungspunkt erheblich!

Zum Beispiel dürfen ihre Bezeichnungen auf keinen Fall durcheinander gebracht werden: Bei der Verfassungs*beschwerde* heißt es „*Beschwerde*befugnis, bei der Anfechtungs*klage* heißt es *Klage*befugnis! Außerdem ist die Prüfung der Klagebefugnis nicht so umfangreich wie die der Beschwerdebefugnis.

Die **Klagebefugnis** betrifft letztlich wieder nur die Frage, ob der Kläger überhaupt klagen *darf*. Denn nicht jede Person kann einfach zu jedem beliebigen Thema eine Klage einreichen.

Unterscheidung zwischen Klage- und Beschwerdebefugnis

So kann man als „kleiner Bürger" nicht einfach zum Gericht gehen, um gegen eine Äußerung des Bundeskanzlers (ein staatliches Exekutivorgan) zum „Deutsch-Französischen Gipfel" vorzugehen. Zwar würde dafür eigentlich das *Demokratie-prinzip* i.S.d. Art. 20 II GG sprechen. Trotzdem kann man dies aus zwei Gründen nicht tun: Erstens betrifft eine solche Äußerung nicht den Bürger „direkt". Fühlt er sich durch eine politische Ansicht gestört, steht es ihm als „Gegenmittel" frei, bei der nächsten Wahl anders zu entscheiden.

Zweitens würden die Gerichte wegen der vielen Klagen gar nicht mehr arbeiten können (der Schutz der Gerichte vor Überlastung folgt aus dem *Rechtsstaatsprinzip* i.S.d. Art. 20 III GG). Denn ständig regen sich irgendwelche Leute über etwas auf, auch wenn es sie eigentlich gar nicht betrifft (man sehe sich nur die Talkshows an).

Vermeidung von Popular-klagen

Um solche „**Popularklagen**" (≈ Jedem ist freigestellt, gegen alles zu klagen) zu **vermeiden**, hat man sich folgende Grundregel überlegt: Es darf nur derjenige klagen, der durch das staatliche Vorgehen in seinen eigenen Rechten *betroffen* ist.

Definition: Betroffenheit

Mit dem Begriff „Betroffenheit" bezeichnet man die mögliche Verletzung eines sub-jektiven Rechtes. Eine Verletzung muss erstmal nur *möglich* sein, weil wir ja in der Zulässigkeitsprüfung sind und man noch gar nicht so genau weiß, ob wirklich eine Verletzung vorliegt. Ansonsten hätte der Kläger die Klage nämlich schon „gewonnen" (was aber eine Frage der Begründetheit ist).

Der Grundsatz, dass man nur klagen kann, wenn man die mögliche Verletzung eines subjektiven Rechts geltend macht, ist in **§ 42 II VwGO** niedergeschrieben.

Dieser Grundsatz gilt bei allen Klagen im Verwaltungsrecht.

Der Einstieg zur Prüfung der Klagebefugnis sollte in etwa so lauten:

Formulierungs-vorschlag

„Fraglich ist, ob der Kläger X auch klagebefugt ist. Das Erfordernis der Klagebefug-nis dient der Vermeidung von Popularklagen und richtet sich nach § 42 II VwGO. Danach ist der Kläger nur klagebefugt, wenn er geltend machen kann, in einem subjektiven Recht betroffen zu sein."

Jetzt bleibt eigentlich nur die Frage offen, wo man das für den Klausurfall ent-scheidende subjektive Recht eigentlich findet.

Anfechtungs-klage: Das subj. Recht aus Grundrechten!

Bei der Anfechtungsklage ist das eigentlich ganz einfach: D*as subjektive Recht folgt immer aus den Grundrechten!*

Dass muss man sich unbedingt merken!

[Genau genommen ist diese Aussage dogmatisch nicht ganz „sauber" und kann deshalb auch nicht gut begründet werden (das muss Euch aber gar nicht inter-essieren). Trotzdem gilt dieser Satz *uneingeschränkt* für Eure Klausuren. Der Deutschen Gerichtsbarkeit sei Dank … Die Richter sind nämlich meist schon etwas älter und verfolgen daher eine überholte Dogmatik. Dem sollte man in der Klausur unbedingt folgen und das subjektive Recht daher *immer* den Grundrechten entnehmen – aber Achtung: das gilt nur bei der Anfechtungsklage!]

Alle Grundrechte kommen als betroffene subjektive Rechte in Betracht. Regelmäßig dürften in Euren Klausuren aber **Art. 12 I GG (Berufsfreiheit)** oder **Art. 14 I GG (Eigentumsfreiheit)** einschlägig sein. Wie Ihr bereits im Verfassungsrecht gelernt haben solltet, kommt immer noch **Art. 2 I GG (allgemeine Handlungsfreiheit)** als subsidiäres, also **als „Auffanggrundrecht"** in Betracht. Weil Art. 2 I GG also *immer* eingreift, wenn andere Grundrechte nicht betroffen sind, ergibt sich Folgendes: Adressiert der Staat einen belastenden Verwaltungsakt an einen Bürger, so ist er *stets* in einem Grundrecht betroffen. Findet sich kein spezielles Grundrecht, so ist der Bürger nämlich zumindest in seiner allgemeinen Handlungsfreiheit gemäß Art. 2 I GG betroffen. Diese Überlegung bezeichnet man auch als die sog. **„Adressatentheorie"**.

„Ist der Bürger Adressat eines belastenden Verwaltungsaktes, so ist jedenfalls als subsidiäres Auffanggrundrecht seine allgemeine Handlungsfreiheit aus Art. 2 I GG betroffen. Damit ist der Bürger auch stets in einem subjektiven Recht betroffen und folglich klagebefugt, sog. Adressatentheorie."

Die Adressatentheorie sollte man in der Klausur bei der Klagebefugnis auch immer *namentlich* erwähnen. [Merke: Sie gilt nur für Anfechtungsklagen!]
Sollte ein anderes (und damit ein gegenüber Art. 2 I GG spezielleres) Grundrecht in Frage kommen, schreibt man das hin. Dennoch sollte man den Satz zur Adressatentheorie mit einbauen, weil er regelmäßig einen guten Eindruck beim Korrektor macht und das Punkte bringen kann.
Fertig ausformuliert müsste der Prüfungspunkt der Klagebefugnis etwa folgendermaßen lauten:

„Fraglich ist, ob der Kläger X auch klagebefugt ist.
Das Erfordernis der Klagebefugnis dient der Vermeidung von Popularklagen und richtet sich nach § 42 II VwGO. Danach ist der Kläger nur dann klagebefugt, wenn er geltend machen kann, in einem subjektiven Recht betroffen zu sein. Vorliegend hat die Behörde dem Bürger (z.B.) das Gewerbe als Gebrauchtwarenhändler untersagt. Dadurch könnte der Bürger in seinem Grundrecht auf Berufsfreiheit gemäß Art. 12 I GG verletzt sein.
Unabhängig davon ist der Bürger hier Adressat eines belastenden Verwaltungsaktes. Damit ist er auch stets in seiner allgemeinen Handlungsfreiheit aus Art. 2 I GG als Auffanggrundrecht (und damit in einem subjektiven Recht) betroffen und folglich klagebefugt i.S.d. § 42 II VwGO, sog. Adressatentheorie."

V. Vorverfahren, § 68 ff. VwGO

Das Erfordernis eines Vorverfahrens (auch als „Widerspruchsverfahren" bezeichnet) gibt es *nur* bei der Anfechtungs- und Verpflichtungsklage. Bei diesen beiden Klagen geht es nämlich um Verwaltungsakte.

Die Adressatentheorie

Formulierungsvorschlag

Formulierungsvorschlag

Hat oder soll eine bestimmte Behörde einen Verwaltungsakt erlassen, kann dabei natürlich immer etwas „schief gehen". Insbesondere kann ein Verwaltungsakt rechtswidrig sein, weil das zugrunde liegende Gesetz falsch angewendet wurde. Um für solche Fälle nicht immer die Gerichte zu bemühen, soll zunächst einmal ein behördliches Vorverfahren stattfinden. Das Vorverfahren ist also eine behördeninterne „Sicherheitsüberprüfung" der Verwaltungsakte. Hat der Bürger z.B. zu Unrecht einen Strafzettel bekommen, kann die Behörde in einer ersten „Selbst-Überprüfung" – also im Vorverfahren – feststellen, dass der Erlass rechtswidrig war und der Bürger insofern Recht bekommt. Erst wenn sie nach dieser Prüfung immer noch an dem (rechtswidrigen) Strafzettel festhalten will, kommt es zur Klage vor dem Verwaltungsgericht.

Im Rahmen des Prüfungspunktes „Vorverfahren" prüft man also, ob der fragliche Sachverhalt durch nochmalige behördeninterne Überprüfung nicht geklärt werden konnte und daher die Gerichte zu entscheiden haben.

Streng genommen richtet sich die Klage des Bürgers dann auch gegen den (ablehnenden) Widerspruchsbescheid: Der Bürger behauptet vor Gericht nämlich, dass das Ergebnis der behördeninterne Überprüfung (und damit der Widerspruchsbescheid) rechtswidrig war.

Das **Vorverfahren** ist in den **§§ 68 ff. VwGO** geregelt. Es ist bei Anfechtungs- und Verpflichtungsklagen *immer* durchzuführen [die Ausnahmen in §§ 68 I 2 VwGO, 70 VwVfG brauchen Euch nicht zu interessieren].

Regelmäßig wird die Durchführung des Vorverfahrens in Eurer Klausur bereits vorgegeben sein („Ein Vorverfahren / bzw. Widerspruchsverfahren wurde durchgeführt" oder „Der rechtzeitig eingelegte Widerspruch des Bürgers X blieb erfolglos"). Dann schreibt man einfach:

„Das erforderliche Vorverfahren i.S.d. §§ 68 ff. VwGO wurde durchgeführt."

Das reicht vollkommen.

Gibt der Sachverhalt gar nichts vor, macht man einfach eine allgemeine Angabe: Man schreibt entweder, dass ein Vorverfahren i.S.d. §§ 68 ff. VwGO (noch) durchgeführt werden muss, oder dass das Erfordernis des Vorverfahrens gemäß §§ 68 ff. VwGO zu beachten ist.

Exkurs: Schwieriger wird es, wenn im Sachverhalt *ausnahmsweise* ein paar Anhaltspunkte zum Vorverfahren gegeben werden aber noch nicht „alles klar" ist.

Dann will der Korrektor ein paar Einzelheiten hören. Ein Beispiel für diese seltene Fälle:

„Bürger X legte am 01.01. gegen den Bescheid Widerspruch ein. Dieser wurde von der Behörde jedoch auch nach mehreren Wochen *nicht beschieden*."

Die zu erwähnenden wesentlichen Einzelheiten wären dann:

1. Der Widerspruch gemäß **§ 69 VwGO** wurde eingelegt.
2. Der Widerspruch wurde gemäß **§ 70 I 1 VwGO** fristgerecht (also innerhalb eines Monats) und den Formvorschriften entsprechend (also schriftlich) eingelegt.
3. Die Behörde hat sich zu dem Widerspruch auch nach angemessener Zeit überhaupt nicht geäußert.

In der Klausur schreibt man (nach Lektüre des **§ 75 VwGO**) dann ein paar Sätze, die sich in etwa so anhören sollten:

*Formulierungs-
vorschlag zur sog.
Untätigkeitsklage*

„Die Behörde hat dem Widerspruch des Bürgers nicht abgeholfen und keinen Widerspruchsbescheid gemäß § 73 VwGO erlassen.
Da dem Zweck des Widerspruchsverfahrens, also eine Entlastung der Gerichte und eine erneute behördeninterne Überprüfung, wegen der Untätigkeit der Behörde nicht nachgekommen wurde, ist ausnahmsweise eine Klage auch ohne ablehnenden Widerspruchsbescheid (also ohne „beendetes" Widerspruchsverfahren) möglich; es handelt sich dann um die sog. „Untätigkeitsklage" gemäß § 75 VwGO."

<u>Also</u>: Sollte es zu dem äußerst seltenen Fall kommen, dass etwas zum Vorverfahren gesagt werden muss, hilft eine *kurze Gesetzeslektüre* der §§ 68 ff. VwGO.
Auch in der Klausur wird regelmäßig ein „Überfliegen" der Normen reichen, denn wenn der Klausurensteller hier Probleme einbaut, wird es sich um „herauslesbare" Standardprobleme handeln.

VI. Klagefrist, § 74 I VwGO
Die Klagefrist beträgt gemäß § 74 I VwGO einen Monat nach Zustellung des Widerspruchsbescheids.
[Seltene Ausnahme ist die soeben erwähnte Untätigkeitsklage gemäß § 75 VwGO. Für diesen Fall ist eine Gesetzeslektüre erforderlich.]
In Eurer Klausur wird diese Frist fast immer eingehalten sein.

*Formulierungs-
vorschlag*

„Die Klagefrist von einem Monat nach Zustellung des Widerspruchsbescheids i.S.d. § 74 I VwGO wurde eingehalten."

VII. Ergebnis der Zulässigkeit
Und nun kommt ein ganz erfreulicher (Ergebnis-) Satz zum Schluss der Zulässigkeitsprüfung. Der darf auch auswendig gelernt werden:

*Formulierungs-
vorschlag*

„Nach allem ist die Klage zulässig."

B. Begründetheit, § 113 I 1 VwGO

Die Begründetheit einer Verwaltungsklage ist das eigentliche „Herzstück" des Verfahrens und damit auch das der Klausur.

Hier geht es um die entscheidende inhaltliche Problematik:

„Hat der Kläger mit seiner Behauptung Recht?", „Ist er tatsächlich ungerecht behandelt worden?" bzw. „Hat er tatsächlich einen Anspruch?".

Also geht es – einfach ausgedrückt – um die zentrale Frage:

„Wird der Kläger die Klage gewinnen?".

Die Begründetheit einer Anfechtungsklage entspricht immer dem gleichen Grundschema. Dieses Schema ist – so leid es uns tut – *unbedingt auswendig* zu lernen!

Anders wird sich eine Klausur leider kaum bestehen lassen. Jedoch kann man so auch eine ganze Menge Zeit sparen, weil man erst einmal nicht groß überlegen muss.

Es bringt auch dann einen wesentlichen Vorteil, das Grundschema zu beherrschen, wenn man inhaltlich kaum etwas verstanden hat. Denn dann kann man zumindest das Schema darstellen und versuchen, jeweils ein bisschen was dazuzuschreiben, es also einfach etwas „aufzufüllen". Obwohl wir davon natürlich abraten, kommt es vor, dass ein Korrektor das dann mit der Bemerkung *„Sachverhaltsbearbeitung schwach, aber im wesentlichen den Aufbau verstanden!"* noch „durchgehen" lässt.

Deshalb empfehlen wir auch (wenngleich es in Jura-Examensklausuren unüblich sein dürfte) die Überschriften des Grundschemas in der Klausur tatsächlich *hinzuschreiben.* Denn wenn man inhaltlich mal etwas „schwimmt", sieht der Korrektor die Überschrift und weiß wenigstens, um was es gerade geht (bzw. gehen soll).

Es folgt nun das Grundschema zur Begründetheit. Noch einmal ganz deutlich: Das muss man (leider) *auswendig* lernen!

Grundschema zur Begründetheit:

```
B. Begründetheit, § 113 I 1 VwGO
    I. Rechtsgrundlage
    II. Voraussetzungen
        1. Formelle Voraussetzungen
            a) Zuständigkeit
            b) Verfahren, § 28 I VwVfG
            c) Form, § 37 VwVfG
        2. Materielle Voraussetzungen
    III. Rechtsfolge
        1. Gebundene Entscheidung
            oder
        2. Ermessensentscheidung
    IV. Ergebnis der Begründetheit
```

Noch vor der Darstellung der einzelnen Prüfungspunkte schreibt man als einleitenden Satz, wann eine Klage eigentlich begründet ist.

Wann die Anfechtungsklage begründet ist, ergibt sich aus **§ 113 I 1 VwGO**: Danach hebt das Verwaltungsgericht den Verwaltungsakt (gegen den der Kläger vorgeht) insoweit auf, wie er rechtswidrig ist und den Kläger dadurch in seinen Rechten verletzt.

Also schreibt man:

„Die Klage ist begründet, wenn der Verwaltungsakt rechtswidrig und der Kläger dadurch in seinen Rechten verletzt ist, vgl. § 113 I 1 VwGO.“

Formulierungs-vorschlag

I. Rechtsgrundlage

Zunächst gilt es, die Rechtsgrundlage zu finden.

Die **Rechtsgrundlage** ist die Norm, auf Grund derer die Behörde den belastenden Verwaltungsakt erlassen hat. [Sie wird auch als *„Ermächtigungsgrundlage“* bezeichnet, denn sie stellt die Norm dar, welche die Behörde zu dem jeweiligen Verhalten ermächtigt.]

Beispiel: Untersagt die zuständige Behörde ein bestehendes Gewerbe, sucht man im einschlägigen Gesetz (Gewerbeordnung) nach der Norm, wonach sie das kann. Man findet § 35 I GewO – die Rechtsgrundlage.

Spätestens jetzt müsste dem aufmerksamen Leser etwas aufgefallen sein: Die Rechtsgrundlage ist zugleich die *streitentscheidende Norm*. Diese Norm (in unserem Beispiel § 35 I GewO) sollte man in der Zulässigkeit unter dem Prüfungspunkt „öffentlich-rechtliche Streitigkeit“ (bei der Frage, ob der Verwaltungsrechtsweg eröffnet ist) bereits gefunden haben. Also greift man auch in der Klausur lediglich auf bereits vorhandenes Wissen zurück. Es gilt also: Einmal gelernt, zweimal gepunktet!

„Jede unmittelbare, den Bürger belastende Verwaltungsmaßnahme muss auf ein Gesetz zurückzuführen sein (sog. Gesetzesvorbehalt). Demnach bedarf es für die hier (z.B.) vorliegende Gewerbeuntersagung einer gesetzlichen Grundlage. § 35 I 1 GewO gestattet es der Behörde, eine solche Gewerbeuntersagung zu erlassen. Rechtsgrundlage ist somit § 35 I 1 GewO.“

Formulierungs-vorschlag

Das Erfordernis einer Rechtsgrundlage, also einer zugrunde liegenden Gesetzesnorm, nennt man auch den **Gesetzvorbehalt**. Der Gesetzesvorbehalt folgt aus Art. 20 III GG. Er besagt im Wesentlichen, dass die Verwaltung immer *nur dann* einen Bürger *belasten* darf, wenn es ein *Gesetz* gibt, in dem ihr dies ausdrücklich gestattet ist. Die Verwaltung darf gegen den Bürger also nicht vorgehen, wenn sie es gerade für richtig hält. Würde eine Behörde den Bürger belasten, ohne dass eine Gesetzes -

Der Gesetzes-vorbehalt

norm dieses Vorgehen ausdrücklich gestattet, würde die Behörde gegen den Gesetzesvorbehalt handeln und damit willkürlich und *gegen die Verfassung*.

Die Klage des Bürgers wäre in der Klausur bereits beim ersten Prüfungspunkt der Begründetheit erfolgreich.

Merksatz

<u>Merke</u>: Da es bei der Anfechtungsklage *immer* um Klagen gegen *belastende* Verwaltungsakte der Verwaltung geht, gilt auch *immer* der Gesetzesvorbehalt!

II. Voraussetzungen

Zunächst haben wir also eine Rechtsgrundlage gefunden. Insoweit hat sich die Behörde, die den Bürger belastet hat, richtig verhalten: Sie hat sich auf ein Gesetz gestützt. Dennoch kann Ihr Vorgehen rechtswidrig gewesen sein. Dies wäre dann der Fall, wenn die **Voraussetzungen** der Rechtsgrundlage nicht vorlägen.

Vereinfacht gesagt: Wenn die Behörde eine Norm gefunden hat, dann muss sie diese auch *richtig anwenden*. Deshalb prüft man die Voraussetzungen der Norm. Liegen diese nicht vor, war das Verhalten der Behörde rechtswidrig und die Klage des belasteten Bürgers hat Erfolg.

Der Prüfungspunkt „Voraussetzungen" gliedert sich in mehrere Unterpunkte:

> 1. Formelle Voraussetzungen
>   a) Zuständigkeit
>   b) Verfahren, § 28 I VwVfG
>   c) Form, § 37 VwVfG
> 2. Materielle Voraussetzungen

Die einzelnen Unterpunkte müssen jeweils geprüft werden. Sie bieten aber keine unüberwindbaren Hürden. Ganz wie in einer Klausur werden wir sie nach einem Einführungssatz einfach Schritt für Schritt durchgehen:

Formulierungs-vorschlag

„Weiterhin müssen die formellen und materiellen Voraussetzungen der Rechtsgrundlage (z.B. des § 35 I 1 GewO) vorliegen."

1. Formelle Voraussetzungen

Die formellen Voraussetzungen liegen vor, wenn die richtige Behörde in der richtigen Art und Weise gehandelt hat.

Es geht also noch nicht um die Frage, ob die von der Behörde erlassene Maßnahme *inhaltlich* rechtmäßig war, sondern ob der Staat *alle Formalien eingehalten* hat. Wenn beispielsweise die Bundesluftfahrtbehörde einen Strafzettel wegen Falschparkens erlässt, kommt es gar nicht *inhaltlich* darauf an, ob der betroffene Bürger tatsächlich falsch geparkt hat. Der Bescheid ist nämlich (bereits) deshalb rechtswidrig, weil eine *formelle Voraussetzung* fehlt: die Bundesluftfahrtbehörde ist für den Erlass von Strafzetteln nämlich *nicht zuständig*.

Die formellen Voraussetzungen werden immer in einem **„Dreischritt"** geprüft: *Zuständigkeit, Verfahren* und *Form*.

Zuständigkeit, Verfahren, Form

„Dann muss die zuständige Behörde unter Beachtung des ordnungsgemäßen Verfahrens und der erforderlichen Form gehandelt haben."

Formulierungsvorschlag

a) Zuständigkeit

Die **Zuständigkeit** betrifft (wie der Name schon sagt) die Frage, ob die handelnde Behörde überhaupt *zuständig* war. Da es in Eurer Klausur praktisch immer so sein wird, schreibt Ihr einfach:

„Die Behörde war (z.B.) zum Erlass der Gewerbeuntersagung zuständig."

Formulierungsvorschlag

b) Verfahren

Weiterhin muss die Behörde das vorgeschriebene **Verwaltungsverfahren** durchgeführt, bzw. eingehalten haben.

Einziges anzusprechendes Merkmal bei diesem Prüfungspunkt ist die **Anhörung gemäß § 28 I VwVfG** [bzw. gemäß der in Eurem Bundesland anzuwendenden entsprechenden Landesnorm – schreibt diese möglichst gleich an den Rand!].

Das Erfordernis der Anhörung dient dem betroffenen Bürger: Die Behörde soll ihm die Möglichkeit bieten, seine Bedenken und Einwände anzubringen, bzw. sich zu dem Sachverhalt zu äußern.

In Eurer Klausur wird regelmäßig vorgegeben sein, dass die Anhörung durchgeführt wurde, bzw. dass die Behörde die Verfahrensvorschriften eingehalten hat. Dann schreibt man etwa:

„Die Verfahrensvorschriften wurden eingehalten. Insbesondere wurde der Bürger vor Erlass des Verwaltungsaktes gemäß § 28 I 1 VwVfG angehört."

Formulierungsvorschlag

[Nur der Vollständigkeit halber sei erwähnt, dass eine Anhörung unter bestimmten Umständen verzichtbar sein kann (vgl. insb. § 28 II VwVfG, bzw. die entsprechende Landesnorm) oder das Versäumnis einer Anhörung bei Nachholung geheilt werden kann (vgl. § 45 I Nr. 3 VwVfG). Sollte der Sachverhalt mal gar nichts zur Anhörung sagen (also auch nicht explizit darauf hinweisen, dass sie noch fehlt) gilt wie immer die Grundregel: Die Einhaltung der Vorschriften kann unterstellt werden. Man schreibt höchstens noch so etwas wie: *„Die Verfahrensvorschriften, insb. die Anhörung gemäß § 28 I 1 VwVfG, waren zu beachten."*]

c) Form

Letzte formelle Voraussetzung ist die Einhaltung der Formvorschriften. Der erlassene Verwaltungsakt muss nämlich gewissen Vorgaben entsprechen.

Die Formvorschriften sind in § 37 VwVfG geregelt [oder in Eurer entsprechenden Landesvorschrift – an den Rand schreiben!].

Es dürfte reichen, die Norm mal gelesen zu haben. Wichtigstes Merkmal eines „formgerechten" Verwaltungsaktes ist natürlich seine Bestimmtheit (vgl. § 37 I VwVfG), denn der Bürger muss schließlich wissen, was die Behörde eigentlich von ihm will.

Da auch die „Form" in Euren Klausuren eingehalten sein wird, schreibt man:

<table>
<tr><td>*Formulierungs-vorschlag*</td><td>*„Der erlassene Verwaltungsakt (z.B. die Gewerbeuntersagung) ist schließlich hinreichend bestimmt und wird auch den übrigen Formvorschriften i.S.d. § 37 VwVfG gerecht."*</td></tr>
</table>

Bevor man schließlich zu den *materiellen* Voraussetzungen kommt, wird noch ein kurzes Zwischenergebnis hingeschrieben:

<table>
<tr><td>*Formulierungs-vorschlag*</td><td>*„Die formellen Voraussetzungen sind beachtet worden."*</td></tr>
</table>

2. Materielle Voraussetzungen

Im Rahmen dieses Prüfungspunktes beschäftigen wir uns mit der Frage, ob die Rechtsgrundlage *inhaltlich* beachtet wurde. Das Verhalten der Behörde ist nämlich nur dann rechtmäßig, wenn sie die Norm richtig *angewandt* hat.

[Beispiel: Die zuständige Behörde erlässt eine Abrissverfügung gegen einen Bürger, ein völlig instabiles Haus gebaut hat. Stellen wir uns nun vor, dass die einschlägige Rechtsgrundlage lautet: „*§ 1: Wird ein nicht standfestes Haus gebaut, kann die zuständige Behörde eine Abrissverfügung erlassen.*" Die materiellen Voraussetzungen sind erfüllt, wenn das Verhalten (also der Erlass der Verfügung) *inhaltlich* der Gesetzesvorgabe entspricht. Also lautet die gedankliche Frage: Hat der Bürger „*ein nicht standfestes Haus gebaut*"? Ist dies der Fall, sind die materiellen Voraussetzungen der Rechtsgrundlage erfüllt.]

Die inhaltlichen Vorgaben einer Norm nennt man auch die **Tatbestandsvoraussetzungen**.

In der Klausur beginnt man die Prüfung der materiellen Voraussetzungen deshalb häufig mit dem Einleitungssatz:

<table>
<tr><td>*Formulierungs-vorschlag*</td><td>*„Weiterhin müssen die Tatbestandsvoraussetzungen der Rechtsgrundlage (z.B. des § 35 I 1 GewO) erfüllt sein."*</td></tr>
</table>

Der nächste Schritt in der Klausur ist ebenso einfach wie wichtig: Man *liest* die Rechtsgrundlage *ganz genau* durch.

Denn die materiellen (Tatbestands-) Voraussetzungen stehen meist in der Norm.

Beispielhaft werden wir § 35 I 1 GewO genauer analysieren.

Beispiel für einen Tatbestand

§ 35 I 1 GewO lautet: *„Die Ausübung eines Gewerbes ist von der zuständigen Behörde ganz oder teilweise zu untersagen, wenn Tatsachen vorliegen, welche die Unzuverlässigkeit des Gewerbetreibenden (…) dartun, sofern die Untersagung zum Schutze der Allgemeinheit (…) erforderlich ist."*

Welche Tatbestandsvoraussetzungen lassen sich aus dieser Norm herauslesen?

(1) Es muss zunächst ein *Gewerbe ausgeübt* worden sein.

(2) Weiterhin müssen *Tatsachen* vorliegen, welche für die *Unzuverlässigkeit des Gewerbetreibenden* sprechen.

(3) Schließlich muss das Vorgehen der Behörde für den *Schutz der Allgemeinheit erforderlich* sein.

Liegen diese Voraussetzungen vor, kann die Behörde nach Maßgabe des Gesetzes eingreifen. Das nennt man die *Rechtsfolge*. In unserem Beispiel muss die Behörde die Gewerbeausübung ganz oder teilweise untersagen. Zur Rechtsfolge einer Norm kommen wir jedoch später noch; wichtig ist, dass gerade etwas deutlich geworden sein dürfte: Es ist meist gar nicht so schwer, die materiellen Voraussetzungen einer Gesetzesnorm herauszufinden. Man muss die Norm nur ganz genau lesen.

In der Klausur schreibt man die Tatbestandsvoraussetzungen einzeln hin und prüft dann, ob sie tatsächlich vorliegen.

Formulierungsvorschlag

„Tatbestandsvoraussetzung des (hier beispielhaft herangezogenen) § 35 I 1 GewO ist zunächst, dass der betroffene Bürger ein Gewerbe ausgeübt hat. Ein Gewerbe übt regelmäßig aus, wer eine auf Dauer angelegte, erlaubte, selbstständige, auf Gewinnerzielung gerichtete Tätigkeit betreibt, die nicht freier Beruf ist. Das ist hier (unterstellt) der Fall.
Weiterhin müssen Tatsachen für die Unzuverlässigkeit des Bürgers sprechen. Unzuverlässig ist, wer keine Gewähr für eine ordnungsgemäße Gewerbeausübung in der Zukunft bietet. Der Bürger wurde vorliegend (z.B.) wegen mehrfachen Diebstahls verurteilt. Diese Taten standen in Bezug zu der Gewerbeausübung des Bürgers. Die Strafverurteilung wegen wiederholten Diebstahlshandlungen begründen die Annahme der Unzuverlässigkeit des Bürgers.
Schließlich muss das Vorgehen der Behörde (nämlich die Gewerbeuntersagung) zum Schutz der Allgemeinheit erforderlich gewesen sein. Die Schutzinteressen der Allgemeinheit gehen hier (unterstellt) den Interessen des straftätig gewordenen Bürgers vor. Damit sind vorliegend alle Tatbestandsmerkmale erfüllt. Die materiellen Voraussetzungen liegen vor."

III. Rechtsfolge

Wenn die Tatbestandsvoraussetzungen einer Norm vorliegen, tritt eine bestimmte „Wirkung" ein. Dies bezeichnet man als **Rechtsfolge**. Um ein ganz einfaches Beispiel heranzuziehen: Wenn ein Bürger falsch parkt (= Tatbestandsvoraussetzung), kann die Behörde einen Strafzettel erlassen (= Rechtsfolge).

Im Verwaltungsrecht gibt es zwei unterschiedliche „Typen" von Rechtsfolgen: die **gebundene Entscheidung** und die **Ermessensentscheidung**.

1. Die gebundene Entscheidung

Gebundene Entscheidung

Eine gebundene Entscheidung liegt dann vor, wenn sich aus der Rechtsgrundlage ergibt, dass die Behörde handeln *muss*. Wenn in dem Gesetz nur *eine* Rechtsfolge vorgesehen ist, ist die Behörde an diese auch zwingend *gebunden*. Wenn umgekehrt die Voraussetzungen, die das Gesetz für einen bestimmten Verwaltungsakt (z.B. eine Untersagungsverfügung) vorsieht, *nicht* erfüllt sind, darf die Behörde ihn auch *nicht* erlassen.

Im Gesetz erkennt man dies an bestimmten Formulierungen wie: „… so *hat* die Behörde eine Untersagung auszusprechen …" oder „… so *ist* das zu untersagen …", bzw. „… *darf* nicht …".

Nimmt man wieder beispielhaft den § 35 I 1 GewO zur Hand, stößt man auf die Formulierung: *„Die Ausübung eines Gewerbes ist von der zuständigen Behörde ganz oder teilweise zu untersagen, wenn Tatsachen vorliegen, (…)."*

Diese Norm gibt *eine* zwingende Rechtsfolge vor: („… *ist* zu untersagen …"). Es handelt sich folglich um eine *gebundene Entscheidung*.

Nur wenn die Behörde von der zwingenden Rechtsfolge abweicht, handelt sie rechtswidrig. Man muss also nur feststellen, ob die Behörde das getan hat, was das Gesetz vorgibt.

Hat man in der Klausur eine Rechtsgrundlage, bei der eine gebundene Entscheidung als Rechtsfolge vorgesehen ist, würde man in etwa schreiben:

Formulierungsvorschlag

„(Z.B.) § 35 I 1 GewO sieht eine gebundene Entscheidung vor. Somit war die Tätigkeit des Bürgers ganz oder teilweise zu untersagen. Hier kommt eine Teiluntersagung (unterstellt) nicht in Betracht, weil die Unzuverlässigkeit des Bürgers seine gesamte Gewerbeausübung betrifft.
Die Gewerbeuntersagung der Behörde war demnach zwingend zu erlassen."

2. Die Ermessensentscheidung

Räumt die Rechtsgrundlage der Verwaltung *mehrere* Möglichkeiten ein, wie sie auf einen bestimmten Sachverhalt reagieren kann, steht die Rechtsfolge im *Ermessen* der Behörde. Wann eine „Ermessensnorm" vorliegt, lässt sich wieder an der Gesetzesformulierung erkennen: Typische Beispiele sind Ausdrücke wie „… die zuständige Behörde *kann* einen Verwaltungsakt erlassen …" oder „… die Behörde *ist befugt* etwas zu tun …" oder „… *darf* etwas tun… ".

Ermessensentscheidung

Was bedeutet Ermessen?

Ermessen ist die gesetzliche Normierung, dass die Verwaltung „sich selbst überlegen kann", ob und wie sie einschreiten möchte. Also hat der Gesetzgeber der Verwaltung einen bestimmten Spielraum eingeräumt.

Im Falle einer Klage ergibt sich nun aber folgendes Problem: Das Gericht, also die Judikative, soll den ausdrücklich eingeräumten weiten Spielraum der Verwaltung, also der Exekutiven, überprüfen. Dabei ermächtigt das Gesetz die Verwaltung doch gerade dazu, *selbst* über ihr Einschreiten zu entscheiden. Eine uneingeschränkte Prüfungskompetenz des Gerichts kann (schon aus Gründen der Gewaltenteilung) daher nicht zulässig sein. Folgerichtig ist sie auch gesetzlich begrenzt: Die gerichtliche Überprüfung einer behördlichen Ermessensentscheidung ist nur nach Maßgabe des § **114 VwGO** möglich.

Nach § 114 S.1 VwGO kann das Gericht zunächst prüfen, ob die Behörde sich bei der belastenden Maßnahme von *sachfremden* oder *zweckwidrigen Erwägungen* hat leiten lassen (dann liegt ein sog. **Ermessensfehlgebrauch** vor). *Ermessens-fehlgebrauch*

Beispiel: Die Behörde will eine Gaststättenerlaubnis auf Grund des § 15 III GaststättenG widerrufen. § 15 III GaststättenG ist eine Ermessensnorm („… *kann* widerrufen werden …"). Wenn die Behörde die Erlaubnis nicht wegen der Widerrufsgründe in § 15 III Nr.1-7 GaststättenG widerrufen will (z.B. weil der betroffene Bürger nicht zugelassene Getränke verabreicht hat), sondern weil die Behörde etwa eine Räumung des Gebäudes betreiben will, um die Eröffnung eines Großkaufhauses an gleicher Stelle zu unterstützen, lässt sie sich von *sachfremden Erwägungen* leiten. Es liegt ein *Ermessensfehlgebrauch* vor. Das Verhalten der Behörde ist rechtswidrig. Das Gericht kann dies auch überprüfen und wird den Widerruf der Gaststättenerlaubnis im Ergebnis aufheben.

Weiterhin kann gerichtlich überprüft werden, ob die Behörde ihren Ermessensspielraum überhaupt gesehen und /oder genutzt hat (sog. **Ermessensausfall**). *Ermessensausfall* Denkt eine Behörde z.B., dass sie einen Verwaltungsakt erlassen *muss*, obwohl es sich um eine Ermessensnorm handelt, liegt ein *Ermessensausfall* vor.

Schließlich können die Verwaltungsgerichte eine weitere Form von Ermessensfehlern der Behörde überprüfen, nämlich die sog. **Ermessensüberschreitung** *Ermessens-überschreitung* **(bzw. -Unterschreitung)**. Die Behörde handelt nur dann rechtmäßig, wenn sie sich im Rahmen der im Gesetz eingeräumten Handlungsmöglichkeiten bewegt. Dazu gehört auch, dass sie das sog. **Verhältnismäßigkeitsprinzips** einhält.

[Dieses Prinzip genießt Verfassungsrang und gilt für alle staatlichen Maßnahmen; deshalb prüfen es einige Professoren auch nicht im Rahmen der Ermessensüberschreitung, sondern als eigenständigen Prüfungspunkt. Das ist reine „Geschmackssache" und beide Aufbauarten sind gut vertretbar].

Das Verhältnismäßigkeitsprinzip beinhaltet drei Gebote: Die **Geeignetheit**, die *Verhältnismäßig-keitsprinzip (Geeignetheit, Erforderlichkeit, Angemessenheit)* **Erforderlichkeit** und die **Angemessenheit** der Maßnahme.

Geeignet ist eine Maßnahme, wenn das angestrebte Ziel erreicht werden kann.

Ist z.B. ein Gewerbetreibender unzuverlässig, könnte mit einer Gewerbeuntersagung das angestrebte Ziel (z.B. Schutz des Rechtsverkehrs und Vertrauen der Allgemeinheit in die Redlichkeit der Gewerbetreibenden) erreicht werden.

Erforderlich ist eine Maßnahme, wenn es kein milderes Mittel gibt, welches den gleichen Erfolg verspricht.

Die Anordnung des vollständigen Abrisses eines einsturzgefährdeten Hauses ist z.B. nur dann erforderlich, wenn Abstützungsmaßnahmen nicht möglich sind.

*Das Über-
maßverbot*

Angemessen ist eine Maßnahme nur, wenn das mit Ihr verfolgte Ziel in seiner Wertigkeit nicht außer Verhältnis zur Intensität des Eingriffs steht (= Übermaßverbot).

Wenn z. B. ein hässliches Haus die Schönheit einer Straße beeinträchtigt, mag der Abriss zwar das geeignete und mildeste Mittel zur Herstellung der „optischen Harmonie" sein, jedoch wäre dieser Eingriff unzumutbar und insofern nicht angemessen.

Wichtig für die Klausur ist vor allen Dingen, dass ihr den Sachverhalt schön „einbaut", wenn Ihr einen Fall mit Ermessen als Rechtsfolge zu bewältigen habt.

Das Ergebnis ist hier meist nicht so wichtig, aber man sollte die verschiedenen Ermessensfehler benennen können.

Unbedingt notwendig ist es, auf das Verhältnismäßigkeitsprinzip mit seinen Unterpunkten Geeignetheit, Erforderlichkeit und Angemessenheit einzugehen, da hier regelmäßig das Problem liegt!

[Abschließend noch zwei Dinge als Anmerkung: Sollten in der Klausur Ermessensfehler vorliegen, „drängen" sie sich bereits im Sachverhalt fast immer auf. Dann stehen dort Sätze wie: *„Die Behörde untersagt dem A die Ausübung seiner Gaststätte. Der Behördenleiter B hielt das für notwendig, weil er den A bereits von früher kannte und ihn für doof hielt."* Schließlich sollte man wissen, dass die Behörde gemäß § 114 S.2 VwGO bestimmte Ermessenserwägungen auch noch *im Laufe des Gerichts*verfahrens ergänzen kann.]

IV. Ergebnis der Begründetheit

Schließlich schreibt man den letzten Satz zur Begründetheit – natürlich je nachdem, wie die Prüfung ausgefallen ist:

*Formulierungs-
vorschlag*

„Nach allem ist die Klage (un-) begründet."

C. Endergebnis

Nun hat man es also geschafft: Es fehlt nur noch der Schlusssatz!

Wie man diesen formuliert, hängt im Wesentlichen von zwei Punkten ab. Zunächst sollte der Schlusssatz stets eine Antwort auf die gestellte Klausurfrage liefern. Am besten nimmt man die Formulierung des Aufgabenstellers so genau wie möglich auf.

Zweitens richtet sich der abschließende Satz natürlich wieder danach, zu welchem Ergebnis man bei der Prüfung gekommen ist.

Das Ganze müsste sich dann ungefähr so anhören:

„Die Klage des Bürgers hat Aussicht auf Erfolg, da sie sowohl zulässig als auch begründet ist.“ *Formulierungs-vorschlag*
Oder:
„Nach allem ist die Klage sowohl zulässig als auch begründet. Das Gericht wird dem Klagbegehren des Bürgers entsprechen.“
Oder:
„Die Klage hat keine Aussicht auf Erfolg. Sie ist zwar zulässig, aber unbegründet.“
Oder:
„Das Gericht wird die Klage abweisen, da sie sowohl unzulässig als auch unbegründet ist.“

D. Beispielsfall mit ausführlicher Lösung

Abschließend noch ein Muster-Fall zur Anfechtungsklage. Er dient der Wiederholung und dem besseren Verständnis. *Ausformulierter Klausurfall*

Der Fall:

Der aufstrebende Mathias C. Beil (B) betreibt seit einiger Zeit einen florierenden Handel mit gebrauchten Gesetzestexten.
Leider wird alsbald gegen B ermittelt, da die Polizei auf seinem Betriebsgelände mehrfach gestohlene Ausgaben des Bürgerlichen Gesetzbuches entdeckt hat.
Der bestürzte B wird rechtskräftig wegen Hehlerei (§ 259 StGB) zu einer zur Bewährung ausgesetzten Freiheitsstrafe von 6 Monaten verurteilt.

Doch damit nicht genug: Unmittelbar im Anschluss an das Strafurteil untersagt die zuständige Behörde dem B formell einwandfrei die Ausübung seines Gewerbes.
In dem Schreiben verweist die Behörde darauf, dass sich die Unzuverlässigkeit des B herausgestellt habe. Wer sich der Hehlerei strafbar mache, der halte sich ganz offensichtlich nicht an die Rechtsordnung. Vor Gewerbetreibenden, die Diebesgut absetzten, müsse die Allgemeinheit geschützt werden.
B ist empört und legt unverzüglich Widerspruch gegen die Untersagung der Gewerbeausübung ein. In seinem Schreiben trägt er vor, dass die Behörde ihn nicht einfach seiner Existenz berauben könne. Zwar sei ihm im Strafverfahren nicht geglaubt worden, jedoch habe er in Wahrheit niemals wissentlich gestohlene Gesetzestexte angekauft. Jedenfalls müsse die Behörde berücksichtigen, dass seine Strafe lediglich zur Bewährung ausgesetzt worden ist. Dies zeige ja, dass auch das Strafgericht der Meinung war, es sei „alles nicht so schlimm" gewesen.

Der von B eingelegte Widerspruch bleibt erfolglos. Erbost erhebt B daraufhin Klage beim zuständigen Verwaltungsgericht.

Bearbeitervermerk:
Hat die Klage des B Aussicht auf Erfolg?

Hinweise:
1. Anwendung findet das Verwaltungsverfahrensgesetz des Bundes in der jeweils geltenden Fassung.
2. Auf das förmliche Verwaltungsverfahren ist nicht einzugehen.
[Diesen Punkt haben wir nur der Vollständigkeit halber erwähnt. Das sog. förmliche Verwaltungsverfahren ist eine gesondert geregelte Handlungsform der Verwaltung und kein Bestandteil Eurer Klausuren.]

Der Lösungsvorschlag:
Die Klage des B hat Aussicht auf Erfolg, wenn sie zulässig und begründet ist.

A. Zulässigkeit
Zunächst muss die Klage des B zulässig sein.

I. Eröffnung des Verwaltungsrechtswegs, § 40 I 1 VwGO
Dann muss der Verwaltungsrechtsweg eröffnet sein.
Eine aufdrängende Sonderzuweisung ist nicht ersichtlich. Der Verwaltungsrechtsweg ist gemäß § 40 I 1 VwGO eröffnet, wenn es sich um eine öffentlich-rechtliche Streitigkeit nichtverfassungsrechtlicher Art handelt und keine abdrängende Sonderzuweisung gegeben ist.

1. Öffentlich-rechtliche Streitigkeit
Wann eine Streitigkeit öffentlich-rechtlicher Art vorliegt, wird unterschiedlich beurteilt.
Teilweise wird vertreten, dass eine solche Streitigkeit dann vorliegen soll, wenn in der streitentscheidenden Norm ein Hoheitsträger einseitig berechtigt oder verpflichtet wird, sog. modifizierte Subjektstheorie.
Die zuständige Behörde hat vorliegend das Gewerbe des B untersagt. Die Untersagung hat sie nach den Bestimmungen des § 35 I 1 GewO erlassen.
Streitentscheidende Norm ist demnach § 35 I 1 GewO. § 35 I 1 GewO berechtigt einseitig einen Hoheitsträger. Insofern liegt eine öffentlich-rechtliche Streitigkeit vor.
Eine öffentlich-rechtliche Streitigkeit wird auch dann angenommen, wenn zwischen dem Bürger und der Behörde ein Über- bzw. Unterordnungsverhältnis besteht, sog. Subordinationstheorie.
Der Erlass einer Untersagung ist ein typisch hoheitliches Handeln und Ausdruck eines Über- bzw. Unterordnungsverhältnisses.
Schließlich kann dann eine öffentlich-rechtliche Streitigkeit angenommen werden, wenn die streitentscheidende Norm allgemeinen Interessen dienen soll, sog. Interessentheorie.
Die Untersagung eines Gewerbes wegen Unzuverlässigkeit dient auch allgemeinen Interessen. Eine öffentlich-rechtliche Streitigkeit liegt nach allen Ansichten vor.

2. Nichtverfassungsrechtlicher Art
Zudem muss die (öffentlich-rechtliche) Streitigkeit gemäß § 40 I 1 VwGO nichtverfassungsrechtlicher Art sein.

Dies ist der Fall, wenn weder zwei unmittelbar am Verfassungsleben Beteiligte unmittelbar über Verfassungsrecht streiten noch Verfassungsrecht unmittelbar streitentscheidend ist.
Vorliegend handelt es sich um eine Streitigkeit nichtverfassungsrechtlicher Art.

3. Keine abdrängende Sonderzuweisung

Auch eine abdrängende Sonderzuweisung ist nicht ersichtlich.
Nach allem ist der Verwaltungsrechtsweg gemäß § 40 I 1 VwGO eröffnet.

II. Beteiligte, § 63 VwGO

Der B ist gemäß § 63 Nr. 1 VwGO Kläger.
Beklagter i.S.d. § 63 Nr. 2 VwGO ist (unterstellt) das Bundesland, hier vertreten durch die zuständige Behörde.

III. Statthafte Klageart

Die Klageart richtet sich gemäß § 88 VwGO nach dem Begehren des Klägers unter Beachtung des Vorrangs maßnahmespezifischen Rechtsschutzes.
Hier begehrt B die Aufhebung der Gewerbeuntersagung durch die zuständige Behörde. Begehrt der Kläger die Aufhebung eines Verwaltungsaktes durch das Gericht ist die Anfechtungsklage i.S.d. § 42 I 1.Var. VwGO statthafte Klageart.
Die Gewerbeuntersagung ist die auf Außenwirkung gerichtete Regelung eines Einzelfalls durch eine Behörde und damit ein Verwaltungsakt i.S.d. § 35 S.1 VwVfG.
Statthafte Klageart ist die Anfechtungsklage.

IV. Klagebefugnis, § 42 II VwGO

Fraglich ist, ob der B auch klagebefugt ist.
Das Erfordernis der Klagebefugnis dient der Vermeidung von Popularklagen und richtet sich nach § 42 II VwGO. Danach ist der Kläger nur dann klagebefugt, wenn er geltend machen kann, in einem subjektiven Recht betroffen zu sein.
Vorliegend hat die Behörde dem B das Gewerbe als Buchhändler untersagt. Dadurch könnte der B in seinem Grundrecht auf Berufsfreiheit gemäß Art. 12 I GG verletzt sein.
Unabhängig davon ist der B hier Adressat eines belastenden Verwaltungsaktes.
Damit ist er stets auch in seiner allgemeinen Handlungsfreiheit gemäß Art. 2 I GG als „Auffanggrundrecht" (und damit in einem subjektiven Recht) betroffen, sog. Adressatentheorie.
B ist mithin klagebefugt i.S.d. § 42 II VwGO.

V. Vorverfahren, § 68 ff. VwGO

Das erforderliche Vorverfahren i.S.d. §§ 68 ff. VwGO wurde durchgeführt. Der Widerspruch des B blieb erfolglos.

VI. Klagefrist, § 74 I VwGO

Die Klagefrist von einem Monat nach Zustellung des Widerspruchsbescheid i.S.d. § 74 I VwGO wurde eingehalten.

VII. Ergebnis der Zulässigkeit

Nach allem ist die Klage zulässig.

B. Begründetheit, § 113 I 1 VwGO

Die Klage ist begründet, wenn der Verwaltungsakt rechtswidrig ist und den Kläger dadurch in seinen Rechten verletzt, vgl. § 113 I 1 VwGO.

I. Rechtsgrundlage

Jede unmittelbare, den Bürger belastende Verwaltungsmaßnahme muss auf ein Gesetz zurückzuführen sein (sog. Gesetzesvorbehalt). Demnach bedarf es für die hier vorliegende Gewerbeuntersagung einer gesetzlichen Grundlage. Rechtsgrundlage ist vorliegend § 35 I 1 GewO. Diese Vorschrift ist auch anwendbar i.S.d. § 35 VIII GewO, da für den Buchhandel keine besonderen Vorschriften bestehen, die Rechtsfolgen an die Unzuverlässigkeit knüpfen. [Das bedeutet eigentlich nur, dass es für die fragliche Gewerbeart keine Spezialvorschriften gibt, wie das etwa beim Gaststättenrecht der Fall wäre.]

II. Voraussetzungen

Weiterhin müssen die formellen und materiellen Voraussetzungen des § 35 I 1 GewO vorliegen.

1. Formelle Voraussetzungen

Dann muss die zuständige Behörde unter Beachtung des ordnungsgemäßen Verfahrens und der erforderlichen Form gehandelt haben.

a) Zuständigkeit

Die Behörde war zum Erlass der Gewerbeuntersagung zuständig.

b) Verfahren, § 28 I 1 VwVfG

Die Verfahrensvorschriften wurden eingehalten.

c) Form, § 37 VwVfG

Die Formvorschriften i.S.d. § 37 VwVfG wurden beachtet.

2. Materielle Voraussetzung

Weiterhin müssen die Tatbestandsvoraussetzungen des § 35 I 1 GewO erfüllt sein.
Tatbestandsvoraussetzung des § 35 I 1 GewO ist zunächst, dass ein Gewerbe ausgeübt worden ist.
Vorliegend kann der Handel mit gebrauchten Gesetzestexten eine Gewerbeausübung darstellen. Ein Gewerbe übt regelmäßig aus, wer eine auf Dauer angelegte, erlaubte, selbstständige, auf Gewinnerzielung gerichtete Tätigkeit betreibt, die nicht freier Beruf ist.
Der B übt mit dem Buchhandel ein Gewerbe aus.
Weiterhin müssen Tatsachen für die Unzuverlässigkeit des B sprechen.
Unzuverlässig ist, wer keine Gewähr für eine ordnungsgemäße Gewerbeausübung in der Zukunft bietet. Es kommt bei der Frage der Unzuverlässigkeit grundsätzlich nicht auf ein Verschulden des betroffenen Bürgers an. Der B wurde vorliegend wegen mehrfacher Hehlerei i.S.d. § 259 StGB rechtskräftig verurteilt. Zu klären ist, ob dies eine gewerberechtliche Unzuverlässigkeit begründet. Die Taten standen in Bezug zu dem Bücherverkauf des B, zumal die Bücher auf dem Betriebsgelände gefunden wurden. Der Rechtsverkehr muss grundsätzlich darauf vertrauen können, dass ein Käufer bei einem Buchwarenhändler auch Eigentum an den Büchern erwerben kann. Zu einer ordnungsgemäßen Gewerbeausübung gehört insofern, dass der Verkäufer keine gestohlenen

Werke verkauft. In § 33 c II GewO wird eine Verurteilung wegen Hehlerei zudem ausdrücklich als ein die Unzuverlässigkeit begründender Umstand benannt.

Die Strafverurteilung wegen Hehlerei begründet insofern die Annahme der Unzuverlässigkeit des B. Etwas anderes könnte sich jedoch aus dem Einwand des B ergeben, dass er niemals wissentlich gestohlene Gesetzestexte angekauft habe und ihm im Strafverfahren nur nicht geglaubt worden sei.

Unabhängig davon, ob der Einwand des B zutrifft oder nicht, konnte die Behörde dem Strafgericht grundsätzlich vertrauen, weil auch dieses eine Strafe nur aussprechen durfte, wenn es nach der Beweisaufnahme von der Schuld des B überzeugt war. Damit wurde der B nach rechtsstaatlichen Grundsätzen verurteilt und die Behörde durfte diese Einschätzung übernehmen.

Der Einwand des B, das Gericht habe die Strafe nur zur Bewährung ausgesetzt, was die Behörde hätte berücksichtigen sollen, ist ebenfalls unbeachtlich. Bei der Bewährungsentscheidung geht es nur um die Frage der Aussetzung einer Freiheitsstrafe, während das Gewerberecht der Gefahrenabwehr dient. Eine Bindung an den Bewährungsbeschluss zu Gunsten des A ergibt sich insofern auch nicht aus der Norm des § 35 III Nr. 1-3 GewO. Die Beurteilung der Behörde, dass Tatsachen für die Unzuverlässigkeit des B sprechen, ist folglich nicht zu beanstanden.

Schließlich muss die Gewerbeuntersagung zum Schutz der Allgemeinheit erforderlich gewesen sein. Erforderlich ist eine Maßnahme, wenn es kein milderes Mittel gibt, welches den gleichen Erfolg verspricht. Es ist kein milderes Mittel ersichtlich, was Schutzinteressen der Allgemeinheit (insb. das Vertrauen in die Redlichkeit der Gewerbetreibenden) ebenso effektiv nachkommt.

Die Gewerbeuntersagung zu Lasten des strafrechtlich verurteilten B war demnach erforderlich.

Mithin sind alle Tatbestandsmerkmale erfüllt.

Die materiellen Voraussetzungen des § 35 I 1 GewO liegen vor.

III. Rechtsfolge

§ 35 I 1 GewO sieht eine gebundene Entscheidung vor. Danach war die Tätigkeit des Bürgers ganz oder teilweise zu untersagen. Hier kam eine Teiluntersagung nicht in Betracht, weil die Unzuverlässigkeit des B seine gesamte Gewerbeausübung betraf. Die Gewerbeuntersagung der Behörde war demnach zwingend zu erlassen.

Die Gewerbeuntersagung war mithin rechtmäßig.

IV. Ergebnis der Begründetheit

Die Klage des B ist unbegründet.

C. Endergebnis

Die Klage des B hat keine Aussicht auf Erfolg. Sie ist zwar zulässig, aber unbegründet.

2. Abschnitt: Die Verpflichtungsklage

Die Verpflichtungsklage ist die zweite Verwaltungsklage, die Euch in der Klausur begegnen könnte (neben der Anfechtungsklage). Also solltet Ihr schon einmal von ihr gehört haben.

Jedoch galt nicht alles, was zur Anfechtungsklage gesagt wurde, auch nur für diese Klageart. Die Verpflichtungsklage ist nur in bestimmten Punkten anders zu prüfen. Ansonsten kann man bereits Gelerntes wieder verwenden.

Es ist übrigens wahrscheinlicher, dass die Anfechtungsklage (und nicht die Verpflichtungsklage) Thema Eurer Klausur sein wird. Nach unserer Erfahrung dürfte in etwa die Formel *„70 % Anfechtungsklage, 30 % Verpflichtungsklage"* gelten.

Wegen der immerhin 30 % Wahrscheinlichkeit stellen wir die Verpflichtungsklage aber in allen wesentlichen Punkten dar.

Grundschema:

```
A. Zulässigkeit
    I. Eröffnung des Verwaltungsrechtswegs, § 40 I 1 VwGO
        1. öffentlich-rechtliche Streitigkeit
        2. nichtverfassungsrechtlicher Art
        3. keine abdrängende Sonderzuweisung
    II. Beteiligte, § 63 VwGO
    III. Statthafte Klageart
    IV. Klagebefugnis, § 42 II VwGO
    V. Vorverfahren, §§ 68 ff. VwGO
    VI. Klagefrist, § 74 I VwGO
    VII. Ergebnis der Zulässigkeit

B. Begründetheit, § 113 V VwGO
    I. Anspruchsgrundlage
    II. Voraussetzungen
        1. Formelle Voraussetzungen
            (= Antrag an die zuständige Behörde)
        2. Materielle Voraussetzungen
    III. Rechtsfolge
        1. Gebundene Entscheidung
        oder
        2. Ermessensentscheidung
    IV. Ergebnis der Begründetheit
C. Endergebnis
```

Fällt Euch etwas auf?

Das Grundschema der Verpflichtungsklage weicht praktisch überhaupt nicht vom Grundschema der Anfechtungsklage ab!

Wieder das alte Grundschema !

Trotzdem gibt es ein paar Unterschiede. Warum das so ist, erklären wir später. Als freudige Nachricht muss es an dieser Stelle reichen, dass man nur *ein Grundschema* beherrschen muss.

A. Zulässigkeit

Das Zulässigkeitsschema der Verpflichtungsklage entspricht vollkommen dem Zulässigkeitsschema der Anfechtungsklage.

Allerdings muss man zu den einzelnen Prüfungspunkten gelegentlich etwas anderes schreiben.

Schema für die Zulässigkeitsprüfung:

```
A. Zulässigkeit
    I. Eröffnung des Verwaltungsrechtswegs, § 40 I 1 VwGO
        1. öffentlich-rechtliche Streitigkeit
        2. nichtverfassungsrechtlicher Art
        3. keine abdrängende Sonderzuweisung
    II. Beteiligte, § 63 VwGO
    III. Statthafte Klageart
    IV. Klagebefugnis, § 42 II VwGO
    V. Vorverfahren, §§ 68 ff. VwGO
    VI. Klagefrist, § 74 I VwGO
    VII. Ergebnis der Zulässigkeit
```

Wir werden jeden Prüfungspunkt noch einmal anhand von Formulierungsvorschlägen durchgehen (dient auch der Wiederholung).

Soweit Beispiele gemacht werden, beziehen sie sich diesmal natürlich auf Verpflichtungsklagen. Sofern es Unterschiede zur Anfechtungsklage gibt, werden ausführliche Darstellungen und Erklärungen erfolgen.

I. Eröffnung des Verwaltungsrechtsweg, § 40 I 1 VwGO

Es gilt die bereits bekannte Prüfungsreihenfolge für die Eröffnung des Verwaltungsrechtswegs:

```
1. öffentlich-rechtliche Streitigkeit
2. nichtverfassungsrechtlicher Art
3. keine abdrängende Sonderzuweisung
```

„Zunächst muss der Verwaltungsrechtsweg eröffnet sein.

Eine aufdrängende Sonderzuweisung ist nicht ersichtlich. Gemäß § 40 I 1 VwGO ist der Verwaltungsrechtsweg dann eröffnet, wenn es sich um eine öffentlich-rechtliche Streitigkeit nichtverfassungsrechtlicher Art handelt und keine abdrängende Sonderzuweisung gegeben ist.

1. Öffentlich-rechtliche Streitigkeit

Wann eine Streitigkeit öffentlich-rechtlicher Art vorliegt, wird unterschiedlich beurteilt. Dies soll etwa dann der Fall sein, wenn in der streitentscheidenden Norm ein Hoheitsträger einseitig berechtigt oder verpflichtet wird, sog. modifizierte Subjektstheorie.

Der Bürger beantragt bei der zuständigen Behörde (z.B.) eine Gaststättenerlaubnis. Nach den §§ 2 I, 4 GaststättenG kann ihm eine solche Erlaubnis erteilt werden.

Somit sind die §§ 2 I, 4 GaststättenG die streitentscheidende Normen.

Die §§ 2 I, 4 GaststättenG berechtigen einen Hoheitsträger einseitig (da nur eine Behörde eine Erlaubnis erteilen kann). Es handelt sich demnach um eine öffentlich-rechtliche Streitigkeit.

Eine öffentlich-rechtliche Streitigkeit wird auch dann angenommen, wenn zwischen dem Bürger und der Behörde ein Über- bzw. Unterordnungsverhältnis besteht, sog. Subordinationstheorie.

Die Erteilung einer Gaststättenerlaubnis ist nur einem Hoheitsträger möglich und typischer Ausdruck eines Über-, bzw. Unterordnungsverhältnisses.

Es handelt sich folglich um eine öffentlich-rechtliche Streitigkeit.

Schließlich kann dann eine öffentlich-rechtliche Streitigkeit angenommen werden, wenn die streitentscheidende Norm allgemeinen Interessen dienen soll, sog. Interessentheorie. Die §§ 2 I, 4 GaststättenG machen als streitentscheidende Normen deutlich, dass Gaststätten nur mit Erlaubnis betrieben werden sollen. Das Erfordernis einer Erlaubnis dient auch Zwecken der Allgemeinheit (es soll etwa garantiert werden, dass zuverlässige Gastwirte hygienisch arbeiten etc.).

Es liegt nach allen Ansichten eine öffentlich-rechtliche Streitigkeit vor.

2. Nichtverfassungsrechtlicher Art

Die öffentlich-rechtliche Streitigkeit muss gemäß § 40 I 1 VwGO auch nichtverfassungsrechtlicher Art sein.

Dies ist der Fall, wenn weder zwei unmittelbar am Verfassungsleben Beteiligte unmittelbar über Verfassungsrecht streiten noch Verfassungsrecht unmittelbar streitentscheidend ist.

Vorliegend handelt es sich um eine Streitigkeit nichtverfassungsrechtlicher Art.

3. Keine abdrängende Sonderzuweisung

Schließlich ist auch eine abdrängende Sonderzuweisung vorliegend nicht ersichtlich.

Nach allem ist der Verwaltungsrechtsweg gemäß § 40 I 1 VwGO eröffnet.“

Ihr seht, es gibt kaum eine Abweichung von den Formulierungen bei der Anfechtungsklage. Man muss (bisher) also noch nichts Neues lernen.

II. Beteiligte, § 63 VwGO

Auch der Prüfungspunkt „Beteiligte" entspricht (ganz genau) dem der Anfechtungsklage. Einzelheiten müsstet Ihr also oben noch mal nachlesen.

In der Klausur schreibt man:

„Der Bürger X ist gemäß § 63 Nr. 1 VwGO Kläger. Beklagter i.S.d. § 63 Nr. 2 VwGO ist das Bundesland (z.B.) Berlin, hier vertreten durch die Behörde Y."

Formulierungsvorschlag

III. Statthafte Klageart

Kommen wir nun zum Prüfungspunkt „statthafte Klageart". Ihr müsstet Euch noch daran erinnern, dass es bei dieser Frage darum geht, welche Art der Klage der Bürger wählen muss, um sein Ziel zu erreichen. Und da wir hier die Verpflichtungsklage prüfen, gibt es naturgemäß Abweichungen von der Prüfung der Anfechtungsklage. Der Einführungssatz bleibt allerdings identisch:

„Die Klageart richtet sich gemäß § 88 VwGO nach dem Begehren des Klägers unter Beachtung des Vorrangs maßnahmespezifischen Rechtsschutzes."

Formulierungsvorschlag

Erinnern wir uns, dass die Anfechtungsklage dann statthafte Klageart war, wenn der Kläger die Aufhebung eines belastenden Verwaltungsaktes begehrte. Bei der Verpflichtungsklage geht es um genau das „Gegenteil": hier begehrt der Bürger den *Erlass* eines Verwaltungsaktes. Der Bürger will also nichts Belastendes „weghaben", sondern etwas Begünstigendes „erlassen bekommen" (Beispiel: Der Bürger begehrt eine Gaststättenerlaubnis).

Bis hier hin klingt es ganz einfach: *„Will der Bürger einen Verwaltungsakt weghaben, dann Anfechtungsklage; will er einen erlassen bekommen, dann Verpflichtungsklage."* Grundsätzlich ist dieser Merksatz zwar richtig, aber es gibt auch sehr verwirrende Konstellationen, bei denen die Abgrenzung nur schwer zu treffen ist. Nehmen wir mal an, die zuständige Behörde hat dem Bürger einen Ablehnungsbescheid zugestellt, nachdem dieser eine Gaststättenerlaubnis beantragt hatte. Auf den ersten Blick könnte man denken, dass die Anfechtungsklage nun statthafte Klageart wäre, denn die Ablehnung ist ja ein belastender Verwaltungsakt, den der Bürger gerne weghaben möchte. Aber weit gefehlt – statthafte Klageart wäre in unserem Beispiel die Verpflichtungsklage. Warum das so ist, sollte nach folgender Überlegung klar werden: Theoretisch könnte der Bürger mit der Anfechtungsklage zwar die Aufhebung des Ablehnungsbescheids erreichen. Die Ablehnung wäre dann zwar „weg", aber der Bürger hätte immer noch nicht das erreicht, was er *eigentlich* will: nämlich die Gaststättenerlaubnis! Man muss also darauf achten, was der Bürger *im Ergebnis* erreichen will. In unserem Beispiel könnte er mit der Verpflichtungsklage den Erlass der Gaststättenerlaubnis verlangen. Gewinnt der Bürger diese Klage, wird die Behörde zum Erlass der Erlaubnis verurteilt. Wenn das Gericht zu diesem Ergebnis gekommen ist, hat sie logischerweise „indirekt" miterklärt, dass der vorherige Ablehnungsbescheid durch die Behörde nicht in Ordnung war. Deshalb hebt das Gericht den Ablehnungsbescheid bei der Verurteilung der Behörde zum Erlass der

Anwendungsgebiete der Verpflichtungsklage

Gaststättenerlaubnis *mit* auf (also ist die Anfechtung von Ablehnungen bei der Verpflichtungsklage gleich „mit drin").

Also nicht vergessen: Sucht man die statthafte Klageart, muss man immer danach schauen, was der Kläger *im Ergebnis* erreichen will!

Formulierungsvorschlag

„Die Klageart richtet sich gemäß § 88 VwGO nach dem Begehren des Klägers unter Beachtung des Vorrangs maßnahmespezifischen Rechtsschutzes.
Hier begehrt der Bürger X (z.B.) die Erteilung einer Gaststättenerlaubnis durch die zuständige Behörde.
Begehrt der Kläger den Erlass eines Verwaltungsaktes, ist die Verpflichtungsklage nach § 42 I 2.Var. VwGO statthafte Klageart.
Die Erteilung einer Gaststättenerlaubnis ist die auf Außenwirkung gerichtete Regelung eines Einzelfalls durch eine Behörde i.S.d. § 1 IV VwVfG und damit ein Verwaltungsakt gemäß § 35 S.1 VwVfG.
Der Kläger begehrt den Erlass eines Verwaltungsaktes. Statthafte Klageart ist die Verpflichtungsklage."

IV. Klagebefugnis, § 42 II VwGO

Wie bereits erwähnt, betrifft die Klagebefugnis die Frage, ob der Kläger überhaupt klagen *darf.*

Um eine Überlastung der Gerichte zu vermeiden, ist dies nur unter Einschränkungen möglich. Oben haben wir bereits festgestellt, dass deshalb grundsätzlich nur derjenige klagen darf, der in seinen eigenen Rechten betroffen ist (vgl. **§ 42 II VwGO**). Diese Betroffenheit nennt man auch die **mögliche Verletzung eines subjektiven Rechtes.**

Der Einstieg zur Prüfung der Klagebefugnis lautet wieder in etwa so:

Formulierungsvorschlag

„Fraglich ist, ob der Kläger X auch klagebefugt ist.
Das Erfordernis der Klagebefugnis dient der Vermeidung von Popularklagen und richtet sich nach § 42 II VwGO.
Danach ist der Kläger nur klagebefugt, wenn er geltend machen kann, in einem subjektiven Recht verletzt zu sein."

Nun muss man eigentlich nur noch wissen, wo man das subjektive Recht bei der Verpflichtungsklage findet. Bei der Anfechtungsklage war das leicht: Dort folgt das subjektive Recht *immer* aus den Grundrechten.

Verpflichtungsklage: Das subj. Recht aus dem einfachen Gesetz!

Aber <u>Achtung</u>: Bei der Verpflichtungsklage gilt diese Regel nicht! Hier folgt das subjektive Recht aus dem *einfachen Gesetz* (und nur subsidiär aus den Grundrechten). Man findet es, indem man sich den Paragraphen nimmt, den man schon bei dem Prüfungspunkt „Eröffnung des Verwaltungsrechtsweges" als streitentscheidende Norm identifiziert hat (die Norm, welche der Behörde das streitige Handeln ermöglicht oder aufgibt). Dieser Paragraph verwendet meist Ausdrücke wie „ … ist genehmigungsbedürftig ..." oder „... bedarf der Erlaubnis ..." (vgl. z.B. § 2 I GaststättenG). Wenn von „Erlaubnis" gesprochen wird, heißt dass natürlich, dass eine solche auch erteilt werden kann (= subjektives Recht).

Die Antrags-theorie

Die Erteilung geschieht durch die zuständige Behörde. Also ist es dem Bürger auch *grundsätzlich* möglich, die Erteilung einer Erlaubnis zu verlangen. Weist die Behörde diesen *Antrag* ab, kann es sein, dass sie damit einen Fehler macht. Damit besteht die *Möglichkeit der Verletzung eines subjektiven Rechtes*. Dass heißt in der Konsequenz, dass derjenige, der einen Antrag auf einen begünstigenden Verwaltungsakt gestellt hat, stets klagebefugt ist. Diese verblüffende Überlegung bezeichnet man auch als die sog. **Antragstheorie.**

Ausformuliert müsste sich das in etwa so anhören:

Formulierungs-vorschlag

„Der Bürger beantragt hier (z.B.) den Erlass einer Gaststättenerlaubnis. Der Erlass einer Gaststättenerlaubnis wäre eine individuelle Begünstigung. Das subjektive Recht des Bürgers folgt aus den §§ 2 I, 4 GaststättenG, welche die Erteilung einer Erlaubnis vorsehen. Es kann nicht ausgeschlossen werden, dass die Versagung der beantragten individuellen Begünstigung den Antragsteller in seinem subjektiven Recht verletzt. Daher ist der Bürger als Antragsteller auch klagebefugt, sog. Antragstheorie."

Die Antragstheorie sollte man in der Klausur bei der Klagebefugnis auch immer namentlich *erwähnen*.

[Merke: Sie gilt nur für Verpflichtungsklagen und darf nicht mit der „Adressatentheorie" bei der Anfechtungsklage verwechselt werden!]

V. Vorverfahren, § 68 ff. VwGO

Das Erfordernis eines Vorverfahrens (= Widerspruchsverfahren) gibt es nicht nur bei der Anfechtungsklage, sondern auch bei der Verpflichtungsklage (weil es hier ebenfalls um Verwaltungsakte geht).

Hat die Behörde einen beantragten Verwaltungsakt (z.B. die Gaststättenerlaubnis) abgelehnt, muss man erstmal Widerspruch einlegen. In dem anschließenden Vorverfahren prüft die Behörde (noch mal) intern, ob sie den Verwaltungsakt vielleicht doch hätte erlassen sollen. Erst wenn sie (im Widerspruchsbescheid) erklärt, dass sie die Ablehnung immer noch für rechtmäßig hält, ist eine Klage vor Gericht möglich.

In Euren Klausuren wird die Durchführung des Vorverfahrens regelmäßig vorgegeben sein (oft lauten die Sätze in etwa: „Gegen die Ablehnung des Antrags legte der Bürger erfolglos Widerspruch ein").

Also schreibt man einfach:

Formulierungs-vorschlag

„Das erforderliche Vorverfahren i.S.d. §§ 68 ff. VwGO wurde durchgeführt."

VI. Klagefrist, § 74 I VwGO

Die Klagefrist beträgt gemäß § 74 I VwGO auch bei der Verpflichtungsklage einen Monat nach Zustellung des Widerspruchsbescheids. [Seltene Ausnahme: die schon bei der Anfechtungsklage erwähnte Untätigkeitsklage gemäß § 75 VwGO.]

In Eurer Klausur wird diese Frist fast immer eingehalten sein.

Formulierungs-
vorschlag
„Die Klagefrist von einem Monat nach Zustellung des Widerspruchsbescheid i.S.d. § 74 I VwGO wurde eingehalten."

VII. Ergebnis der Zulässigkeit

Es folgt nur noch der bekannte Schlusssatz zur Zulässigkeitsprüfung:

Formulierungs-
vorschlag
„Nach allem ist die Klage zulässig."

B. Begründetheit, § 113 V VwGO

Das Begründetheitsschema bei der Verpflichtungsklage ist dem entsprechenden Schema bei der Anfechtungsklage sehr ähnlich. Die kleinen Unterschiede müssten relativ schnell zu lernen sein:

Grundschema zur Begründetheit:

```
B. Begründetheit, § 113 V VwGO
    I. Anspruchsgrundlage
    II. Voraussetzungen
        1. Formelle Voraussetzungen
            (= Antrag an die zuständige Behörde)
        2. Materielle Voraussetzungen
    III. Rechtsfolge
        1. Gebundene Entscheidung
        oder
        2. Ermessensentscheidung
    IV. Ergebnis der Begründetheit
```

Man beginnt die Prüfung der Begründetheit natürlich wieder mit einem Einführungssatz. In diesem sagt man, wann die Verpflichtungsklage eigentlich begründet ist (das steht genau in § **113 V VwGO**):

Formulierungs-
vorschlag
„Die Klage ist gemäß § 113 V VwGO begründet, wenn die Ablehnung des Verwaltungsaktes rechtswidrig, der Kläger dadurch in seinen Rechten verletzt und die Sache spruchreif ist."

Darauf sollte dieser *sehr wichtige* Satz folgen:

„Dies alles ist der Fall, wenn der Kläger einen Anspruch auf die (z.B.) Erteilung der Gaststättengenehmigung hat."

Formulierungsvorschlag

Achtung: Der „Dies alles ist der Fall ..."-Satz sollte *unbedingt* auswendig gelernt und in der Klausur hingeschrieben werden, denn er gibt den Aufbau der Begründetheitsprüfung vor! Selbst wenn Euer Professor einen anderen Aufbau wählt, ist die hier vorgenommene Prüfungsreihenfolge *mit diesem Vor-Satz* richtig und gut nachvollziehbar.

Entscheidender Einleitungssatz!

I. Anspruchsgrundlage

Anspruchsgrundlage ist die Norm, die das Erfordernis einer Genehmigung oder Erlaubnis für bestimmte Tätigkeiten vorsieht (= die streitentscheidende Norm). Denn wenn man eine individuelle Genehmigung braucht, hat der Bürger auch einen *Anspruch* darauf, dass die zuständige Behörde den Antrag des Bürgers zumindest „ordentlich bearbeitet".

„Vorliegend begehrt der Bürger (z.B.) eine Gaststättenerlaubnis. Anspruchsgrundlage sind die §§ 2 I, 4 GaststättenG."

Formulierungsvorschlag

II. Voraussetzungen

Nachdem wir eine Anspruchsgrundlage gefunden haben, ist zu klären, ob auch deren **Voraussetzungen** vorliegen.
Der Prüfungspunkt „Voraussetzungen" gliedert sich auch bei der Verpflichtungsklage in zwei Unterpunkte:

> 1. Formelle Voraussetzungen
> 2. Materielle Voraussetzungen

„Weiterhin müssen die formellen (Antrag an die zuständige Behörde) und die materiellen Voraussetzungen (z.B. §§ 2, 4 GaststättenG) der Anspruchsgrundlage vorliegen."

Formulierungsvorschlag

1. Formelle Voraussetzungen

Die formellen Voraussetzungen bei der Verpflichtungsklage sind eigentlich ganz einfach zu prüfen.
So wird etwa der Dreischritt *„Zuständigkeit, Verfahren* und *Form"* nicht so streng eingehalten. Denn hier *soll* die Behörde ja erst noch handeln (nämlich einen begünstigenden Verwaltungsakt erlassen).

Also prüft man nur, ob die Behörde überhaupt hätte handeln *können*. Dies ist natürlich nur dann der Fall, wenn sie von dem Antrag des Bürgers *weiß* und wenn sie zum Erlass des begehrten Verwaltungsaktes *zuständig* ist.

Die formellen Voraussetzungen sind also gegeben, wenn ein **Antrag an die zuständige Behörde** vorliegt.

Da dies in Eurer Klausur eigentlich immer der Fall sein wird, schreibt Ihr nur:

„Der Bürger hat einen Antrag an die zuständige Behörde gerichtet. Mithin liegen die formellen Voraussetzungen vor."

2. Materielle Voraussetzungen

Die materiellen Voraussetzungen sind die Merkmale, welche vorliegen müssen, damit der Bürger die Erlaubnis bekommt. Diese Tatbestandsmerkmale stehen natürlich im Gesetz. Geht es beispielsweise um eine Gaststättenerlaubnis, so finden wir in § 2 I GaststättenG zunächst einmal die Aussage, dass ein Gaststättengewerbe dem Grundsatz nach einer Erlaubnis bedarf. Also braucht man erstmal eine Gaststätte (= erstes Tatbestandsmerkmal).

In § 4 GaststättenG steht zudem, *wann* diese Erlaubnis *nicht erteilt* werden darf. Also lässt sich aus dem *Umkehrschluss* des § 4 GaststättenG herauslesen, welche Voraussetzungen erfüllt sein müssen, damit eine Erlaubniserteilung möglich ist (z.B. keine Unzuverlässigkeit = zweites Tatbestandsmerkmal).

In unserem Beispiel geben § 2 I und § 4 GaststättenG also die materiellen Voraussetzungen vor.

„Weiterhin müssen die Tatbestandsvoraussetzungen der Anspruchsgrundlage erfüllt sein. Dann muss (z.B.) gemäß § 2 I GaststättenG zunächst ein Gaststättengewerbe vorliegen.
Ein Gaststättengewerbe liegt vor, wenn Getränke an Ort und Stelle verabreicht werden sollen (vgl. § 1 I Nr.1 GaststättenG). Der Bürger will hier eine solche Schankwirtschaft betreiben.
Weiterhin folgt aus § 4 I Nr.1 GaststättenG, dass der Gewerbetreibende nicht unzuverlässig sein darf. Dafür bestehen hier keine Anhaltspunkte. Auch die anderen Ausschlussmerkmale des § 4 GaststättenG kommen vorliegend nicht in Betracht.
Die materiellen Voraussetzungen liegen vor."

III. Rechtsfolge

Wenn die Tatbestandsvoraussetzungen einer Norm vorliegen, tritt die **Rechtsfolge** ein. Bei der Verpflichtungsklage gibt es wie bei der Anfechtungsklage zwei denkbare Rechtsfolgen:

1. Die gebundene Entscheidung *oder*
2. Die Ermessensentscheidung.

1. Die gebundene Entscheidung

Gebundene Entscheidung

Steht in der einschlägigen Norm etwas wie „… ist zu erteilen …" oder „… hat zu erlassen …" dann liegt *immer* eine gebundene Entscheidung vor. Erfüllt der Anspruchsteller alle Tatbestandsvoraussetzungen, *muss* die Behörde also den begünstigenden Verwaltungsakt erlassen (z.B. die Erlaubnis erteilen). Hat sie das nicht getan, handelte die Behörde rechtswidrig und der Bürger gewinnt seine Klage.

Oft lässt sich auch aus dem *Umkehrschluss* einer Norm herauslesen, dass es sich um eine gebundene Entscheidung handelt (Vgl. z.B. § 30 I 2 GewO: „… die Konzession ist *nur dann* zu versagen, wenn …").

Schließlich gibt es Normen, bei denen Ihr einfach *wissen* müsst, dass sie gebundene Entscheidungen sind, weil es sich nicht dem Wortlaut des Gesetzes entnehmen lässt [Meist wurden diese „Ermessensrechtsfolgen" durch verfassungskonforme Auslegung zu gebundenen Rechtsfolgen „uminterpretiert" – sehr kompliziert und für Eure Klausuren uninteressant]. Für Euch *sehr wichtige Normen* in diesem Zusammenhang sind die **§§ 2, 4 GaststättenG**. Obwohl es nicht eindeutig herausgelesen werden kann, ist die Rechtsfolge eine *gebundene* Entscheidung. Eine Gaststättenerlaubnis *muss* also erteilt werden, wenn die Tatbestandsvoraussetzungen vorliegen (bzw. die Ausschlussgründe nicht vorliegen).

2. Die Ermessensentscheidung

Ermessensentscheidung

Handelt es sich um eine Ermessensnorm, *kann* die Behörde den begünstigenden Verwaltungsakt (z.B. eine Erlaubnis) erlassen, sie *muss* es *aber nicht* – auch wenn die Tatbestandsvoraussetzungen vorliegen. Der Bürger kann von der Behörde also nur verlangen, dass sie ihr Ermessen richtig ausübt (zu den Ermessensfehlern siehe die Darstellung bei der Anfechtungsklage). Auch das Gericht überprüft nur, ob die Behörde keine Ermessensfehler begangen hat. Wäre das der Fall, könnte das Gericht die Behörde *nur* dazu verurteilen, die Entscheidung noch einmal ohne solche Fehler zu wiederholen. Sie könnte die Behörde dagegen *nicht* dazu verurteilen, den begünstigenden Verwaltungsakt *zu erlassen*. Denn dass die Behörde einen Fehler bei der Ablehnung des Verwaltungsaktes gemacht hat, bedeutet nicht, dass sie die Erlaubnis nicht auch aus anderen Gründen versagen kann.

Die Behörde handelt schließlich nach *eigenem* Ermessen, auf das das Gericht keinen Einfluss nehmen darf.

Im Ergebnis hat der Bürger also nur einen *Anspruch auf ermessensfehlerfreie Neubescheidung.*

Anspruch auf ermessensfehlerfreie Neubescheidung

Von dieser Grundregel gibt nur *eine Ausnahme*: Steht die Entscheidung der Behörde in ihrem Ermessen, kann es trotzdem sein, dass sie den beantragten begünstigenden Verwaltungsakt erlassen *muss*.

Denn in seltenen Fällen zwingen die Grundrechte des Bürgers die Behörde zu einer gebundenen Entscheidung. Dies nennt man auch „*Ermessensreduzierung auf Null*" (weil das Ermessen der Behörde ausnahmsweise so „zurückgedrängt" ist, dass ihr nur noch *eine* Rechtsfolge – wie z.B. die Erteilung der Erlaubnis – bleibt).

Beispiel: Das Wirtschaftsunternehmen U baut Schiffe. Da es von der Insolvenz bedroht ist, beschließt die zuständige Behörde zur Sicherung der Arbeitsplätze eine (unterstellt: rechtmäßige) Subvention in Höhe von mehreren Millionen Euro.

Im gleichen Bundesland baut das Konkurrenzunternehmen K ebenfalls Schiffe. Aufgrund einer besseren Unternehmensführung ist K jedoch nicht von der Insolvenz bedroht. K verlangt von der zuständigen Behörde eine vergleichbare Subventionierung, da durch die „Bevorzugung" des U ansonsten auch im eigenen Unternehmen Arbeitsplätze bedroht wären.

Es handelt sich vorliegend um einen Verpflichtungsfall, denn der K begehrt den Erlass eines Subventionsbescheides. Eine Subvention ist ein begünstigender Verwaltungsakt, dessen Erlass in das Ermessen der zuständigen Behörde fällt. Insofern könnte K nur eine ermessensfehlerfreie Bescheidung verlangen. Jedoch können die Art. 12 I GG, 3 I GG zu einer *Ermessensreduzierung auf Null* zwingen [Das müsste man hier dann prüfen wie im Verfassungsrecht: Schutzbereich – Eingriff – Rechtfertigung]. Im Ergebnis *muss* dem K wegen des Konkurrentenschutzes und der sonst drohenden Ungleichbehandlung ebenfalls eine Subvention zugesprochen werden. Das (ursprüngliche) Ermessen hat sich auf Null reduziert.

IV. Ergebnis der Begründetheit
Hier sollte man wieder einen kurzen Ergebnissatz fallen lassen:

„*Die Klage ist (un-) begründet.*"

C. Endergebnis
Nun nur noch – je nach Aufgabenstellung und Prüfungsergebnis – einen letzten Abschlusssatz:

„*Die Klage des Bürgers hat Aussicht auf Erfolg, da sie sowohl zulässig als auch begründet ist.*"
Oder:
„*Nach allem ist die Klage sowohl zulässig als auch begründet. Das Gericht wird dem Klagbegehren des Bürgers entsprechen.*"
Oder:
„*Die Klage hat keine Aussicht auf Erfolg. Sie ist zwar zulässig, aber unbegründet.*"
Oder:
„*Das Gericht wird die Klage abweisen, da sie sowohl unzulässig als auch unbegründet ist.*"

D. Beispielsfall mit ausführlicher Lösung

Ausformulierter Klausurfall

Abschließend noch ein Muster-Fall zur Verpflichtungsklage. Auch dieser Fall dient natürlich der Wiederholung und dem besseren Verständnis.

Der Fall:

Mathias C. Beil (B) möchte, nach schlechten Erfahrungen als Buchhändler, sein Glück in einem anderen Berufszweig versuchen: dem Gaststättengewerbe.

Kurzerhand schließt er mit einer Brauerei einen Pachtvertrag über einen geeigneten Raum. Der Pachtzins beträgt 5.000 € pro Monat zzgl. Mehrwertsteuer, was B indes nicht weiter stört.

B beantragt bei der zuständigen Behörde hoffnungsfroh die entsprechende Erlaubnis zum Betreiben der Schankwirtschaft.

Nach einigen Wochen enthält B einen Bescheid der Behörde. Darin wird ihm mitgeteilt, dass die beantragte Gaststättenerlaubnis versagt wird. Zur Begründung wird ausgeführt, dass der B gaststättenrechtlich leider unzuverlässig sei. Der Pachtzins für die Gaststättenräume sei derart hoch, dass eine rentable Gewerbeführung ausgeschlossen sei. B werde sich bald überschulden und den Schankwirtschaftsbetrieb einstellen müssen. Zudem zeige der Pachtvertrag, dass der B nicht über die erforderlichen kaufmännischen Fähigkeiten verfüge.

Nachdem der enttäuschte B empört – aber erfolglos – Widerspruch gegen den Bescheid eingelegt hatte, erhebt er schließlich Klage beim zuständigen Verwaltungsgericht. Er verweist darauf, dass in Deutschland schließlich Gewerbefreiheit herrsche. Sein finanzielles Risiko gehe die Behörde nichts an – schließlich sei er noch nie verschuldet gewesen.

Bearbeitervermerk:

Wird die Klage des B Erfolg haben?

Hinweise:

1. Anwendung findet das Verwaltungsverfahrensgesetz des Bundes in der jeweils geltenden Fassung.
2. Auf das förmliche Verwaltungsverfahren ist nicht einzugehen. [Nur der Vollständigkeit halber erwähnt und für Euch klausurirrelevant.]

Der Lösungsvorschlag:

Die Klage des B wird Erfolg haben, wenn sie zulässig und begründet ist.

I. Eröffnung des Verwaltungsrechtswegs, § 40 I 1 VwGO

Dann muss zunächst der Verwaltungsrechtsweg eröffnet sein.
Eine aufdrängende Sonderzuweisung ist nicht ersichtlich. Der Verwaltungsrechtsweg ist gemäß § 40 I 1 VwGO eröffnet, wenn es sich um eine öffentlich-rechtliche Streitigkeit nichtverfassungsrechtlicher Art handelt und wenn keine abdrängende Sonderzuweisung gegeben ist.

1. Öffentlich-rechtliche Streitigkeit

Wann eine Streitigkeit öffentlich-rechtlicher Art vorliegt, wird unterschiedlich beurteilt.

Teilweise wird vertreten, dass sie vorliegen soll, wenn in der streitentscheidenden Norm ein Hoheitsträger einseitig berechtigt oder verpflichtet wird, sog. modifizierte Subjektstheorie.

Die zuständige Behörde soll vorliegend eine Gaststättenerlaubnis erlassen. Dies kann sie nach den §§ 2, 4 GaststättenG. Die §§ 2, 4 GaststättenG berechtigen einseitig einen Hoheitsträger. Demnach liegt eine öffentlich-rechtliche Streitigkeit vor.

Eine öffentlich-rechtliche Streitigkeit kann auch angenommen werden, wenn zwischen dem Bürger und der Behörde ein Über- bzw. Unterordnungsverhältnis besteht, sog. Subordinationstheorie. Die Erteilung einer Gaststättenerlaubnis ist ein typisch hoheitliches Handeln und Ausdruck eines Über- bzw. Unterordnungsverhältnisses.

Schließlich wird eine öffentlich-rechtliche Streitigkeit angenommen, wenn die streitentscheidende Norm allgemeinen Interessen dienen soll, sog. Interessentheorie.

Das Erfordernis einer Gaststättenerlaubnis dient auch allgemeinen Interessen.

Eine öffentlich-rechtliche Streitigkeit liegt nach allen Ansichten vor.

2. Nichtverfassungsrechtlicher Art

Zudem muss die (öffentlich-rechtliche) Streitigkeit gemäß § 40 I 1 VwGO nichtverfassungsrechtlicher Art sein.

Dies ist dann der Fall, wenn weder zwei unmittelbar am Verfassungsleben Beteiligte unmittelbar über Verfassungsrecht streiten noch Verfassungsrecht unmittelbar streitentscheidend ist.

Vorliegend handelt es sich um eine Streitigkeit nichtverfassungsrechtlicher Art.

3. Keine abdrängende Sonderzuweisung

Auch eine abdrängende Sonderzuweisung ist vorliegend nicht ersichtlich.

Nach allem ist der Verwaltungsrechtsweg gemäß § 40 I 1 VwGO eröffnet.

II. Beteiligte, § 63 VwGO

Der B ist gemäß § 63 Nr. 1 VwGO Kläger.

Beklagter i.S.d. § 63 Nr. 2 VwGO ist das Bundesland, hier vertreten durch die zuständige Behörde.

III. Statthafte Klageart

Die Klageart richtet sich gemäß § 88 VwGO nach dem Begehren des Klägers unter Beachtung des Vorrangs maßnahmespezifischen Rechtsschutzes.

Hier begehrt B die Erteilung einer Gaststättenerlaubnis durch die zuständige Behörde.

Begehrt der Kläger den Erlass eines Verwaltungsaktes, ist die Verpflichtungsklage i.S.d. § 42 I 2.Var. VwGO statthafte Klageart.

Die Erteilung einer Gaststättenerlaubnis ist die Regelung eines Einzelfalls durch eine Behörde i.S.d. § 1 IV VwVfG und zudem auf Außenwirkung gerichtet. Die Gaststättenerlaubnis ist damit ein Verwaltungsakt i.S.d. § 35 S.1 VwVfG.

Der Kläger begehrt den Erlass eines Verwaltungsaktes.

Statthafte Klageart ist die Verpflichtungsklage.

IV. Klagebefugnis, § 42 II VwGO

Fraglich ist, ob der Kläger B auch klagebefugt ist.

Das Erfordernis der Klagebefugnis dient der Vermeidung von Popularklagen und richtet sich nach § 42 II VwGO.

Danach ist der Kläger nur klagebefugt, wenn er geltend machen kann, in einem subjektiven Recht verletzt zu sein.

Der B beantragt vorliegend den Erlass einer Gaststättenerlaubnis. Der Erlass einer Gaststättenerlaubnis wäre eine individuelle Begünstigung. Das subjektive Recht des Bürgers folgt aus § 2 I GaststättenG, welcher die Erteilung einer Erlaubnis vorsieht. Es kann nicht ausgeschlossen werden, dass die Versagung der beantragten individuellen Begünstigung den Antragsteller in seinem subjektiven Recht verletzt, sog. Antragstheorie.

Der B ist klagebefugt.

V. Vorverfahren, § 68 ff. VwGO
Das erforderliche Vorverfahren i.S.d. §§ 68 ff. VwGO wurde durchgeführt.

VI. Klagefrist, § 74 I VwGO
Die Klagefrist von einem Monat nach Zustellung des Widerspruchsbescheid i.S.d. § 74 I VwGO wurde eingehalten.

VI. Ergebnis der Zulässigkeit
Nach allem ist die Klage zulässig.

B. Begründetheit, § 113 V VwGO
Die Klage ist gemäß § 113 V VwGO begründet, wenn die Ablehnung des Verwaltungsaktes rechtswidrig, der Kläger dadurch in seinen Rechten verletzt und die Sache spruchreif ist.

Dies alles ist der Fall, wenn der Kläger einen Anspruch auf die Erteilung der Gaststättenerlaubnis hat.

I. Anspruchsgrundlage
Als Anspruchsgrundlage kommen vorliegend nur die §§ 2 I, 4 GaststättenG in Betracht.

II. Voraussetzungen
Es müssen die formellen und materiellen Voraussetzungen vorliegen.

1. Formelle Voraussetzungen
B hat einen Antrag auf Erteilung einer Gaststättenerlaubnis an die zuständige Behörde gerichtet. Die formellen Voraussetzungen liegen vor.

2. Materielle Voraussetzungen
Weiterhin müssen die Tatbestandsvoraussetzungen der Anspruchsgrundlage erfüllt sein.

Dann muss es sich gemäß § 2 I GaststättenG zunächst um ein Gaststättengewerbe handeln.

Ein Gaststättengewerbe liegt vor, wenn Getränke an Ort und Stelle verabreicht werden sollen (vgl. § 1 I Nr. 1 GaststättenG).

Der B möchte eine Schankwirtschaft und damit ein Gaststättengewerbe betreiben.

Aus § 4 I Nr. 1 GaststättenG lässt sich entnehmen, dass eine Erlaubnis zu versagen ist, sofern Tatsachen für die Unzuverlässigkeit des Gewerbetreibenden sprechen.

Fraglich ist demnach, ob der B zuverlässig ist.

Unzuverlässig ist, wer keine Gewähr für eine ordnungsgemäße Gewerbeausübung in der Zukunft bietet. Es kommt bei der Frage der Unzuverlässigkeit grundsätzlich nicht auf ein Verschulden des betroffenen Bürgers an.

Die zuständige Behörde hat vorliegend vorgebracht, dass der B gaststättenrechtlich unzuverlässig sei. Zur Begründung wurde ausgeführt, dass die Höhe des Pachtzinses auf eine Überschuldung des B und auf das Fehlen der erforderlichen kaufmännischen Fähigkeiten hindeute. Deshalb werde der B das Gewerbe bald wieder einstellen müssen.

Die Aussage, dass die Gewerbeausübung durch B unwirtschaftlich sei und der Betrieb bald wieder eingestellt werde, ist eine reine Vermutung der Behörde. Die bloße Gefahr einer finanziellen Überforderung reicht nicht aus, um die Unzuverlässigkeit des Gewerbetreibenden anzunehmen. Sie liegt vielmehr – wie auch von B zu Recht eingewandt – im alleinigen wirtschaftlichen Risiko des Betreibers. Zudem spricht die Tatsache, dass der B offenbar noch nie überschuldet war, gegen die Annahme der Unzuverlässigkeit.

Folglich ist von einer Zuverlässigkeit des B auszugehen.

Die übrigen Versagungsgründe des § 4 GaststättenG kommen vorliegend nicht in Betracht.

Die Tatbestandsmerkmale des § 4 GaststättenG sind erfüllt; die materiellen Voraussetzungen liegen vor.

III. Rechtsfolge

Bei den §§ 2 I, 4 GaststättenG handelt es sich um ein sog. präventives Verbot mit Erlaubnisvorbehalt. Rechtsfolge ist eine gebundene Entscheidung. Das bedeutet, die Behörde hätte dem B eine Gaststättenerlaubnis zwingend erteilen müssen.

IV. Ergebnis der Begründetheit

Die Ablehnung des Antrags auf Erteilung der Gaststättenerlaubnis war rechtswidrig. Die Klage des B ist begründet.

C. Endergebnis

Die Klage des B ist sowohl zulässig als auch begründet. Demnach wird die Klage des B Erfolg haben.

4. Kapitel: Die Wissensfragen

Am Ende dieses Buches wollen wir Euch noch beispielhafte Lösungsvorschläge zu typischen und immer wieder auftauchenden Wissensfragen bieten.

Natürlich sind auch diese Fragen so oder so ähnlich schon in Klausuren drangekommen.

- Erörtern Sie die Unterschiede der Begriffe „Gesetzesvorrang", „Gesetzesvorbehalt" und „Parlamentsvorbehalt"!

Der „Gesetzesvorrang" folgt aus Art. 20 III GG und besagt, dass das Handeln aller drei Staatsorgane (Gesetzgebung, Verwaltung, Rechtsprechung) an das vorrangige Recht gebunden ist. Somit gilt der „Gesetzesvorrang" für jegliches Handeln dieser drei Organe. An den „Gesetzesvorrang" müssen sie sich also immer halten. Staatliches Handeln darf somit nie gegen höherrangiges Recht verstoßen. Geschieht dies dennoch, so führt das zur Rechtswidrigkeit der staatlichen Handlung. Beim „Gesetzesvorrang" gibt es allerdings auch keine allzu hohen Vorgaben an die staatlichen Organe. In der Regel besagt das höherrangige Recht nur, dass die nachrangigen Hoheitsakte bestimmte formelle Voraussetzungen erfüllen müssen. Materielle Vorgaben werden nur selten ausführlich gemacht. Meist wird den staatlichen Organen ein Entscheidungsermessen zugestanden.

Von „Gesetzesvorbehalt" spricht man, wenn ein Handeln der Verwaltung auf ein Gesetz rückführbar sein muss. Das führt zu dem Problem, dass die Legislative der Exekutiven weit reichende Vorgaben machen und die Handlungsmöglichkeiten der Verwaltung stark einschränken kann. Es besteht also ein Konflikt zwischen Exekutive und Legislative. Dafür, dass die Legislative jedes Handeln der Verwaltung regeln können muss, spricht das Demokratieprinzip i.S.v. Art. 20 II 1 GG. Danach müssen alle staatlichen Akte letztlich vom Volk abgeleitet werden. Dagegen spricht, dass gemäß Art. 20 III GG (Rechtsstaatsprinzip) auch die Verwaltung Freiräume haben muss. Um zwischen diesen beiden Verfassungsprinzipien einen Ausgleich zu schaffen, geht man davon aus, dass *wesentliche* Entscheidungen durch das Parlament „abgesegnet" werden müssen, und dass *laufende* Entscheidungen von der Verwaltung ohne Gesetz durchgesetzt werden können (sog. Wesentlichkeitstheorie). „Wesentlich" ist dabei alles, was vom Verfassungsgeber als gesetzesgebunden bezeichnet wird und was in die Grundrechte der Bürger eingreift.

Schließlich spricht man von einem „Parlamentsvorbehalt", wenn das Parlament selbst die Letztentscheidung treffen muss und diese nicht auf die Verwaltung übertragen darf. Dies ist dann der Fall, wenn es sich um eine besonders bedeutsame Entscheidung handelt, bei der ein Bedürfnis nach einer höchstmöglichen demokratischen Legitimation besteht (z.B.: Für jeden Bundeswehreinsatz bedarf es aufgrund des Parlamentsvorbehalts einer Entscheidung des Bundestags. Dieser muss dabei kein Gesetz beschließen. Es reicht allein ein Beschluss darüber, dass Truppen entsandt werden sollen).

- Erklären Sie die Unterschiede zwischen den Begriffen „Ermessen" und „Beurteilungsspielraum"!

Ist einer Behörde durch eine Norm Ermessen eingeräumt worden, dann hat ihr der Gesetzgeber einen Spielraum zur eigenverantwortlichen Entscheidung über die Rechtsfolge zugewiesen. Die Behörde kann Entschließungs- und / oder Auswahlermessen haben. Um Entschließungsermessen geht es, wenn es der Behörde überlassen bleibt, *ob* sie bei der Erfüllung der Tatbestandsvoraussetzungen überhaupt eingreifend oder leistend tätig werden will. Bei einem Auswahlermessen ist es der Entscheidung der Behörde überlassen, *welche* von mehreren zulässigen *Maßnahmen* sie trifft; es geht hier also um das „*Wie*". Das Verwaltungsgericht kann die Ermessensentscheidungen der Behörde voll auf Ermessensfehler überprüfen. Ermessensfehler i.S.d. § 114 VwGO sind u.a. der Ermessensausfall, die Ermessensüberschreitung bzw. –unterschreitung und der Ermessensfehlgebrauch.

Bei einer Beurteilungsermächtigung kann das Gericht die Rechtsanwendung der Behörde hingegen kaum überprüfen. Voraussetzung für die Anerkennung eines behördlichen Beurteilungsspielraums ist eine entsprechende gesetzliche Ermächtigung, d.h. die Verwendung von *unbestimmten Rechtsbegriffen*, die durch Auslegung zu einem Beurteilungsspielraum führen.

Eine Beurteilungsermächtigung und deren begrenzte Kontrolle sind dann gerechtfertigt, wenn aufgrund atypischer Sachumstände eine richterliche Kontrolle außergewöhnlichen Schwierigkeiten begegnet und einem besonders prädestinierten Entscheidungsträger eine spezifische Sachkompetenz zukommt. Beispiele für Beurteilungsermächtigungen finden sich in folgenden Bereichen: Prüfungsentscheidungen (z.B. Abitur oder eine juristische Klausur für Wirtschaftswissenschaftler); prüfungsähnliche Entscheidungen, vor allem im Schulbereich (z.B. bei einer Versetzung); bei beruflichen Beurteilungen (z.B. von Beamten); kollektive Bewertungskommissionen (z.B. Bewertung der Filmförderungswürdigkeit durch eine Bewertungskommission); Prognoseentscheidungen und Risikobewertungen vor allem im Bereich des Umwelt- und Wirtschaftsrechtes. In diesen Fällen ist das Verwaltungsgericht allein darauf beschränkt, den „höchstpersönlichen" Entscheidungsvorgang der Behörde auf *logische Fehler* zu überprüfen (sog. Beurteilungsfehler).

- Nennen Sie Voraussetzungen und Funktion der Klagebefugnis!

Die Voraussetzungen der Klagebefugnis sind in *§ 42 II VwGO* genannt. Danach muss der Kläger geltend machen, durch den Verwaltungsakt oder seine Ablehnung oder Unterlassung in seinen Rechten verletzt zu sein. Es geht also darum, dass er, wenn er Klage vor einem Verwaltungsgericht erhebt, eine Rechtsverletzung behauptet. Dabei muss er selbst in einem seiner Rechte verletzt sein. Dies bedeutet, dass er in einem „subjektiven" Recht betroffen sein muss. Wendet sich der Kläger mit einer Anfechtungsklage gegen den Erlass eines belastenden Verwaltungsaktes, folgt das subjektive öffentliche Recht des Klägers aus den Grundrechten. Ist kein spezielles Grundrecht einschlägig, ist der Kläger als Adressat des belastenden Verwaltungsakts zumindest in Art. 2 I GG (allgemeine Handlungsfreiheit) verletzt (sog. Adressatentheorie). Begehrt der Kläger hingegen von der Behörde den Erlass eines Verwaltungsakts, so folgt sein subjektives Recht aus der Norm, aus der er den Erlass des Verwaltungsakts verlangen kann (sog. Antragstheorie).

Die Funktion der Klagebefugnis nach § 42 II VwGO ist die *Vermeidung von Popularklagen*. Aus dem „Demokratieprinzip" i.S.d. Art. 20 II GG folgt zwar, dass jeder Bürger klagen können muss, wenn er eine Rechtsverletzung bemerkt. Das würde aber zu einer totalen Überlastung unserer Gerichte und damit zu einem Verstoß gegen das „Rechtsstaatsprinzip" i.S.d. Art. 20 III GG führen. Um einen Ausgleich zwischen diesen beiden Verfassungsrechtsprinzipien zu finden (sog. praktische Konkordanz), darf nur derjenige klagen, der auch in seinem eigenen Recht verletzt ist. Fremde Rechte sollen nur dann eingeklagt werden können, wenn dies ausdrücklich zugelassen ist.

- Erklären Sie die Begriffe „Demokratie-" und „Rechtsstaatsprinzip" und erläutern Sie deren Konflikt an einem Beispiel!

Das „Demokratieprinzip" ist in Deutschland in Art. 20 II 1 GG aufgeführt. Danach geht alle Staatsgewalt vom Volke aus. Die Kernaussage des Demokratieprinzips ist folglich, dass die Ausübung jeglicher staatlicher Macht der *Legitimation* durch das Volk bedarf, und dass sie in einer ununterbrochenen demokratischen Legitimationskette auf das Volk zurückgeführt werden können muss.

Das Rechtsstaatsprinzip hingegen beschreibt einen Staat, in dem die Ausübung staatlicher Macht umfassend rechtlich gebunden ist. Das Rechtsstaatsprinzip ist in Art. 20 III GG verankert. Schwerpunkte des Rechtsstaatsprinzips sind u.a. die Gesetzmäßigkeit der Verwaltung, die Unabhängigkeit der Gerichte und die Gewaltenteilung. Daneben gibt es noch allgemeine rechtsstaatliche Grundsätze, wie das Gebot der Rechtssicherheit, der Rechtsklarheit, der Berechenbarkeit staatlichen Handelns, der Voraussehbarkeit, des Vertrauensschutzes und das Verhältnismäßigkeitsprinzip.

Teilweise widersprechen sich das Demokratie- und Rechtsstaatsprinzip, so dass ein Ausgleich geschaffen werden muss. Dies wird u.a. bei der „Klagebefugnis" gemacht. Dort spricht das Demokratieprinzip für eine uneingeschränkte Klagebefugnis der Bürger. Nach dem Rechtsstaatsprinzip sollen aber die Gerichte nicht überlastet werden, weil ansonsten das Rechtssystem „zusammenbrechen" würde. Das darf in einem Staat niemals der Fall sein, weil ansonsten das Recht nicht gewahrt werden könnte.

Wegen dieses Gegensatzes von Demokratie- und Rechtsstaatsprinzip musste ein Ausgleich geschaffen werden. Dieser liegt darin, nur die Klagen von Bürgern für zulässig zu erklären, in denen der Bürger behauptet, ein eigenes Recht zu haben (die sog. Klagebefugnis).

- Erklären Sie die „Drei-Stufen-Theorie"!

Die „Drei-Stufen-Theorie" findet im Rahmen des Art. 12 I GG Anwendung. Zwar bildet Art. 12 I GG nach allgemeiner Ansicht mit der „Berufsfreiheit" einen einheitlichen Schutzbereich, aber ob ein Eingriff verfassungsrechtlich gerechtfertigt ist, hängt davon ab, in „was" eingegriffen worden ist. Eingriffe in die Berufsfreiheit können nämlich *verschieden intensiv* sein. Daher wird zwischen Eingriffen in die Berufsausübung (1.Stufe), in die Berufswahl durch subjektive Zulassungsvoraussetzungen (2.Stufe) und in die Berufswahl mittels objektiver Zulassungsvoraussetzungen (3.Stufe) unterschieden.

Bei Eingriffen in die Berufsausübung (z.B. beim Werbeverbot für Rechtsanwälte und Ärzte) ist die Intensität noch nicht so hoch. Denn es bleibt den Bürgern unbenommen, diese Berufe zu wählen. Nur die Ausübung wird teilweise reguliert. Deshalb kann in die Berufsausübung schon bei der Berührung „gewöhnlicher" Gemeinwohlinteressen eingegriffen werden. Sehr viel stärker wirkt sich dagegen die Berufswahlregelung durch subjektive Zulassungsvoraussetzungen aus (Beispiel: Pflicht zur Ablegung bestimmter Prüfungen, um einen Beruf ausüben zu können). Dabei ist es dem Bürger grundsätzlich nicht mehr möglich, einen bestimmten Beruf zu wählen. Stattdessen muss der Bürger erst die subjektiven Zulassungsvoraussetzungen erfüllen. Für solch einen Eingriff muss der Staat schon ein „wichtiges" Gemeinschaftsgut schützen wollen. Der stärkste Eingriff ist allerdings eine Berufswahlregel, die objektive Voraussetzungen hat (z.B. die Spielbanklizenz). Hier hängt die Erfüllung der Voraussetzung nicht mehr allein vom Bürger, sondern von objektiven Parametern ab. Daher kann als staatlicher Zweck auch nur ein sehr hohes Gemeinschaftsgut und die Abwehr von großen Gefahren anerkannt werden.

- Was ist Eigentum i.S.v. Art. 14 GG? Wie kann darin eingegriffen werden?

Art. 14 I GG schützt die Freiheit des Eigentums. Was aber Eigentum ist, wird in Art. 14 I GG nicht definiert. Vielmehr bestimmen die bereichsspezifischen Gesetze, was Eigentum ist. Bereichsspezifische Gesetze sind solche, die im Sinne eines Ausschließlichkeitsrechts dem Einzelnen eine vermögenswerte Position zuordnen. Das „klassische" bereichsspezifische Gesetz ist das BGB, das in seinen §§ 903 ff. das zivilrechtliche Eigentum definiert.

In das Eigentum gemäß Art. 14 I GG kann aufgrund von Inhalts- und Schrankenbestimmungen oder Enteignungen eingegriffen werden. Eine Enteignung liegt nur dann vor, wenn der Staat *final* in das Eigentum eines Bürgers eingreift, um es sich selbst „einzuverleiben". Es kann Administrativ- oder Legalenteignungen (= Verwaltungs-, bzw. Enteignungen durch Gesetze) geben. Allerdings sind Enteignungen selten. Viel häufiger sind Inhalts- und Schrankenbestimmungen, die in allen anderen Fällen einschlägig sind.

- Erklären Sie die Unterschiede zwischen „unmittelbaren" und „mittelbaren" Eingriffen in Grundrechte! Prüfen Sie den „mittelbaren" Eingriff anhand eines Beispiels!

Ein unmittelbarer Eingriff liegt vor, wenn sich ein hoheitliches Handeln an bestimmte Adressaten richtet und diese belastet werden. Es muss also einen Rechtsakt wie z.B. ein Gesetz, ein Urteil, eine Verordnung oder einen Verwaltungsakt geben, der bewusst auf eine Belastung gerichtet ist.

Unter einem mittelbaren Eingriff hingegen versteht man Einwirkungen auf das Umfeld. Diese Eingriffe unterfallen nur dann dem Grundrechtsschutz, wenn sie *final* oder *intensiv* sind. Final ist ein mittelbarer Eingriff dann, wenn der Staat über Dritte in die Grundrechtssphäre des Betroffenen eingreifen *will*. Wegen dieser hinter dem Handeln stehenden Intention wird der Grundrechtsschutz ausgelöst. Intensiv ist die Umfeldbeeinträchtigung des Bürgers dann, wenn sie *schwer und unerträglich* ist. So ist z.B. eine Steuer für Gewerbetreibende kein unmittelbarer Eingriff in Art. 12 I GG, weil ihre Berufsfreiheit durch die Steuer nicht unmittelbar betroffen wird. Jedoch kann ein mittelbarer Eingriff vorliegen. So betrifft eine Steuer immer auch das Umfeld der Berufsfreiheit der Gewerbetreibenden. Dies reicht allerdings für einen mittelbaren Eingriff nicht. Hinzukommen muss noch, dass der mittelbare Eingriff in das Grundrecht final oder intensiv ist. Wenn eine Absicht (= Finalität) für einen Eingriff in Art. 12 I GG nicht festgestellt werden kann, muss geprüft werden, ob der mittelbare Eingriff intensiv ist. Dies ist er, wenn er schwer und unerträglich ist. Bei Steuern heißt das, dass sie eine „knebelnde Wirkung" haben müssen. Wenn das der Fall ist, liegt ein mittelbarer Eingriff durch die Steuererhebung vor.

- Welche Klagearten gibt es im Verwaltungsrecht? Grenzen Sie die Klagearten von einander ab und nennen Sie ggf. auch deren Unterarten!

Es gibt drei verschiedene Klagearten. Die Gestaltungsklage, die Leistungsklage und die Feststellungsklage. Bei der Gestaltungsklage, deren einziger Fall im Verwaltungsrecht die Anfechtungsklage (vgl. § 42 I 1.Var. VwGO) ist, geht es darum, dass das Recht direkt vom angerufenen Gericht *gestaltet* wird. Das heißt bei der Anfechtungsklage, dass das Verwaltungsgericht selbst den belastenden Verwaltungsakt aufhebt. Bei den Leistungsklagen geht es darum, dass der Beklagte zu einem Tun, Dulden oder Unterlassen verurteilt wird. Ein spezieller Unterfall der Leistungsklage ist die Verpflichtungsklage (vgl. § 42 I 2.Var. VwGO). Diese ist einschlägig, wenn es dem Kläger um ein ganz bestimmtes Tun der Verwaltung geht, nämlich um den Erlass eines Verwaltungsaktes. Schließlich gibt es noch die Feststellungsklagen mit einer Vielzahl von Unterarten. Am umfassendsten ist die allgemeine Feststellungsklage gemäß § 43 VwGO. Mit ihr kann vom Verwaltungsgericht fast alles festgestellt werden. Sie ist immer dann einschlägig, wenn der Bürger u.a. ein Feststellungsinteresse hat und keine spezielle Feststellungsklage gegeben ist. Spezielle Feststellungsklagen sind: Die Verwaltungsakt-Nichtigkeits-Feststellungsklage für die Feststellung, dass ein Verwaltungsakt nichtig ist; die VO-Nichtigkeits-Feststellungsklage in § 47 VwGO, mit der die Nichtigkeit einer Rechtsverordnung festgestellt werden soll; sowie die Fortsetzungsfeststellungsklagen. Bei ihnen geht es darum, dass das Verwaltungsgericht trotz Erledigung des Verwaltungsaktes (nachträglich) feststellt, dass der Verwaltungsakt z.B. rechtswidrig war. Eigentlich hat der Bürger bei einem erledigten Verwaltungsakt kein Rechtsschutzbedürfnis mehr. Er kann aber dann doch klagen, wenn er höhere Anforderungen (insb. das sog. Fortsetzungsfeststellungsinteresse) erfüllt.

- Erörtern Sie, wann die Gesetzgebungszuständigkeit bei den Ländern und wann sie beim Bund liegt!

Die Gesetzgebungszuständigkeit untergliedert sich in die Verbands- und die Organzuständigkeit. Bei der Verbandszuständigkeit geht es darum, welcher Verband handeln darf, d.h. ob der Bund oder die Länder zuständig sind. Nach Art. 70 I GG sind für die Gesetzgebung grundsätzlich die Länder zuständig, soweit das Grundgesetz selbst nicht dem Bund Gesetzgebungsbefugnisse verleiht. Dies tut das Grundgesetz z.B. in Art. 71, 72, 75 GG. Art. 71 GG regelt die „*ausschließliche Gesetzgebung*". In diesen Fällen ist der Bund zuständig. Was zur ausschließlichen Gesetzgebung gehört, steht im Katalog des Art. 73 GG. Bei der ausschließlichen Gesetzgebung ist der Bund – wie der Name schon sagt – ausschließlich zuständig. Die Länder dürfen in diesen Bereichen nur Gesetze erlassen, wenn der Bund sie hierzu ausdrücklich durch Bundesgesetz ermächtigt (vgl. Art. 71 GG). Sollte das Gesetzgebungsvorhaben nicht unter einen der Fälle des Katalogs von Art. 73

GG subsumierbar sein, muss geprüft werden, ob das Gesetzgebungsvorhaben nicht in den Bereich der *„konkurrierenden Gesetzgebung"* gemäß Art. 72 I GG fällt. Nach Art. 72 I GG haben die Länder nur solange die Gesetzgebungszuständigkeit, solange der Bund von seiner Zuständigkeit noch nicht Gebrauch gemacht hat. Wenn der Bund das Thema allerdings selbst regelt, entfällt die Gesetzgebungszuständigkeit der Länder wieder. Zur genauen Bestimmung der konkurrierenden Gesetzgebung gibt es wiederum einen Katalog in Art. 74 GG. Wichtig ist, dass das Vorhaben nicht nur in dem Katalog des Art. 74 GG aufgeführt sein muss, sondern dass der Bund auch noch zusätzlich die Voraussetzungen des Art. 72 II GG erfüllen muss. Er muss also zusätzlich darlegen, ob das Gesetz zur Herstellung gleichwertiger Lebensverhältnisse oder der Wahrung der Rechts- oder Wirtschaftseinheit erforderlich ist. Schließlich gibt es noch die *„Rahmengesetzgebungskompetenz"* gemäß Art. 75 GG. Hier hat der Bund keine so weit reichenden Kompetenzen mehr. Er darf nur noch ein Gesetz erlassen, das den Ländern einen bestimmten „Rahmen" vorgibt, in dem sie wiederum eigene Gesetze erlassen dürfen. Auch hierbei muss der Bund die zusätzlichen Voraussetzungen des Art. 72 II GG beachten.

Stichwortverzeichnis

(Die Zahlen verweisen auf die Seiten des Buches)

Anhang
– Die wichtigsten Grundschemata zum Heraustrennen –

1. Die Verfassungsbeschwerde:

A. Zulässigkeit
    I. Zuständigkeit des BVerfG, Art. 93 I Nr.4a GG, §§ 13 Nr.8a, 90 ff. BVerfGG
    II. Ordnungsgemäßer Antrag, §§ 23 I, 92, 93 BVerfGG
    III. Beschwerdefähigkeit, § 90 I BVerfGG „jedermann"
        (bei juristischen Personen: Art. 19 III GG beachten!)
    IV. Beschwerdegegenstand, § 90 I BVerfGG „Akt der öffentlichen Gewalt"
    V. Beschwerdebefugnis: § 90 I BVerfGG
    VI. Rechtsschutzbedürfnis
        1. Rechtswegerschöpfung: § 90 II 1 BVerfGG
        2. Subsidiarität
    VII. Ergebnis der Zulässigkeit
B. Begründetheit
    I. Schutzbereich
        1. sachlicher Schutzbereich
        2. persönlicher Schutzbereich
    II. Eingriff
    III. Verfassungsrechtliche Rechtfertigung (sog. Schranke)
        (Vor allem: Verhältnismäßigkeitsprüfung, sog. Schranken-Schranke):
        1. Zweck der staatlichen Maßnahme
        2. Geeignetheit
        3. Erforderlichkeit
        4. Angemessenheit
    IV. Ergebnis der Begründetheit
C. Endergebnis

2. Die Anfechtungsklage:

A. Zulässigkeit
    I. Eröffnung des Verwaltungsrechtswegs, § 40 I 1 VwGO
        1. öffentlich-rechtliche Streitigkeit
        2. nichtverfassungsrechtlicher Art
        3. keine abdrängende Sonderzuweisung
    II. Beteiligte, § 63 VwGO
    III. Statthafte Klageart
    IV. Klagebefugnis, § 42 II VwGO
    V. Vorverfahren, §§ 68 ff. VwGO
    VI. Klagefrist, § 74 I VwGO
    VII. Ergebnis der Zulässigkeit
B. Begründetheit, § 113 I 1 VwGO
    I. Rechtsgrundlage
    II. Voraussetzungen
        1. Formelle Voraussetzungen
            a) Zuständigkeit
            b) Verfahren, § 28 I VwVfG
            c) Form, § 37 VwVfG
        2. Materielle Voraussetzungen
    III. Rechtsfolge
        1. Gebundene Entscheidung *oder*
        2. Ermessensentscheidung
    IV. Ergebnis der Begründetheit
C. Endergebnis

3. Die Verpflichtungsklage:

A. Zulässigkeit
    I. Eröffnung des Verwaltungsrechtswegs, § 40 I 1 VwGO
        1. öffentlich-rechtliche Streitigkeit
        2. nichtverfassungsrechtlicher Art
        3. keine abdrängende Sonderzuweisung
    II. Beteiligte, § 63 VwGO
    III. Statthafte Klageart
    IV. Klagebefugnis, § 42 II VwGO
    V. Vorverfahren, §§ 68 ff. VwGO
    VI. Klagefrist, § 74 I VwGO
    VII. Ergebnis der Zulässigkeit
B. Begründetheit, § 113 V VwGO
    I. Anspruchsgrundlage
    II. Voraussetzungen
        1. Formelle Voraussetzungen
            (= Antrag an die zuständige Behörde)
        2. Materielle Voraussetzungen
    III. Rechtsfolge
        1. Gebundene Entscheidung *oder*
        2. Ermessensentscheidung
    IV. Ergebnis der Begründetheit
C. Endergebnis

Danksagung

Wir danken:
Alissa Hagen für ihre Liebe, hilfreiche Unterstützung und unendliche Geduld

Sowie:
Den Eltern Schütt für ihre Korrekturhilfe und die gelegentliche Nervennahrung
Frau Loll für das Korrigieren (und dafür, dass sie gegen diese Danksagung war) sowie
Herrn Loll für logistische Tipps
Der LEP GmbH für ihre materielle Unterstützung
Tim Pelle Nagel für seine Unterlagen und die Betreuung unserer Homepage
Marian Bolz für die Hilfe beim Layout
Christina Görlich und Jonas Penschow für die Bereitstellung zahlreicher Studienunterlagen
Unseren „Nachhilfeschülern" für die vielen Anregungen

Im Übrigen seien erwähnt:
Unsere Geschwister Hieke, Haddy, Volki, Örni und Julia
Flo, der bei der Erstellung des Buches die ganze Zeit in Kanada war
Alex und Tim aus seitenfüllenden Gründen – sie wissen schon …
Patrick fürs Feiern und juristische Diskussionen
Conny, Torsten und Familie, die wir unbedingt öfter sehen wollen
Basti und Familie für die guten Zeiten in Braunschweig
Anja und Gero, mit denen man einfach gerne zusammen ist
Claudia und Marian, denen wir in der Zukunft viel Glück zu (mindestens) Dritt wünschen
Die Ironmen Haddy und Tom „Tiger" für die harten Radtouren
Maja, Niklas, Kay und Felix in Erinnerung an die gemeinsame Examenszeit
Silvana für ihre fröhliche Bibliotheksanwesenheit und
Tom dafür, dass er einfach Tom ist
Und natürlich: Karin Hagen, Katherina, Gitte & Jan, Melly & Hendrik, Jule, Hanna & Djama, Timo, Yongi, Kathrin, Katrin, Seyad, Anne,
Vibi, Mike, Jan, Ulli & Mark, Annette, Tanja, Ingo, Kersten & Olaf, Anja & Sill, Tini & Kolja, Anke, Harry, Julia, Freddy,
Izi, Hans, Friedemann, Claudia, Barbara, Kate, Sebi, Pam, Sheila, Maciej, Nicki, Hannes, Willi, Alex, The Springs,
unsere zahlreichen Cousinen und Cousins
und schließlich alle, die wir leider vergessen haben … seid uns nicht böse!

Hinweise

Fragen, Anregungen und Kritiken zu diesem Buch bitte an:

Leserservice@verlagsbücher.de

In Planung befinden sich folgende Bücher aus der gleichen Reihe:

Das Privatrecht für Wirtschaftswissenschaftler *Ein klausurorientiertes Lehrbuch*
Das Arbeitsrecht für Wirtschaftswissenschaftler *Ein klausurorientiertes Lehrbuch*
Das Handels- und Gesellschaftsrecht für Wirtschaftswissenschaftler *Ein klausurorientiertes Lehrbuch*

Informationen zum Erscheinungsdatum und zu sonstigen Themen unter:

www.verlagsbücher.de